关键时刻，曹操是这么干的

欧阳彦之 / 著

中国财富出版社

图书在版编目(CIP)数据

关键时刻，曹操是这么干的 / 欧阳彦之著.—北京:中国财富出版社，2016.1

ISBN 978-7-5047-5895-8

Ⅰ.①关… Ⅱ.①欧… Ⅲ.①曹操(155～220)—人物研究 Ⅳ.①K827=342

中国版本图书馆CIP数据核字(2015)第238450号

策划编辑 张 静 **责任编辑** 王 琳 刘瑞彩
责任印制 方朋远 **责任校对** 杨小静 **责任发行** 邢小波

出版发行 中国财富出版社
社 址 北京市丰台区南四环西路188号5区20楼 邮政编码 100070
电 话 010-52227568(发行部) 010-52227588转307(总编室)
010-68589540(读者服务部) 010-52227588转305(质检部)
网 址 http: //www.cfpress.com.cn
经 销 新华书店
印 刷 北京高岭印刷有限公司
书 号 ISBN 978-7-5047-5895-8/K·0188
开 本 710mm×1000mm 1/16 **版 次** 2016年1月第1版
印 张 14.5 **印 次** 2016年1月第1次印刷
字 数 195千字 **定 价** 35.00元

前言 PREFACE

1

东汉末年，群雄争霸，硝烟四起，各路诸侯相互吞并整合，形成魏、蜀、吴三国鼎立之势，无数风云人物、精彩事件由此而生。

论崛起之道，曹操的看家本领是对权术的运用，他对权术的运用可谓达到了炉火纯青的地步。

在历史上，曹操被人称为“治世之能臣，乱世之奸雄”，前者指的是他的才能，后者指的是他的道德。才能被人称道，而道德却饱受质疑，这样的曹操之所以能成就霸业，靠的就是阴阳正反这两种与众不同的处世谋略。论阳谋，他满腹经纶，饱经沧桑，以德取誉；论阴谋，他机关算尽，城府艰深，以计赚名。他深谙无德不足以立信，无计不足以谋名之道。通过数十年的努力，终于打造了一副典型的阴阳谋略家的面孔。

曹操虽得“一代奸雄”之称，但其在为人方面却颇通方圆之道，其方者以诚相待，取信于人，虚怀若谷，决不食言；其圆者我行我素，机智灵活。任凭他人指指点点，他却能够游刃有余。

想当年，曹操青梅煮酒错识刘备，但若据此认为曹操识人无珠却是大错特错。你看他麾下，何尝不是人才济济；你看他左右，何尝不是英雄辈出。一句“任天下之智力，以道御之，无所不可”，竖起了识人的大旗，一时间，天下英雄不凭资质、不计门第、不分亲仇，尽归其门下。似这等恢宏气魄，几人有之？曹操用人初看起来热情豪放，细品却可见其谨慎小心。对于英才，他能将之捧上天；对于逆徒，他能将之打入地。任凭你黑道白道，他那里自有试金石；莫道你是三教九流，他那里自有火眼金睛。天下智力竞相为我所用，各路豪杰莫不玩于股掌之间。没有这点手段，曹操怎能聚集旺盛的人气、收纳高明的智囊呢？

喜怒无常、阴险狡诈是人们形容曹操时常用的词语。但自古以来，高处不胜寒，君者不怒而自威，曹操的管人谋略在这一明一暗、一喜一怒之间如此变幻自如，又有几人能望其项背？施恩时，其恩泽深似海；发威时，其威风镇八方。赏之则毫不吝啬，罚之则铁面无私，仰望曹公，谁人敢不汗颜？封建官场上，忙忙碌碌，红尘之中，所争的不过一“权”字。这“权”字大如天，沉如地，无人不想掌握它，又无人不害怕它。但曹操却背负着“奸雄”和“汉贼”的恶名将权柄轻轻地拿起，从容地运用。他挟天子以令诸侯，这等高深手段，谁人能及？三国之中，文武全才者，曹操乃第一人。如果说诸葛之谋小心谨慎，殚精竭虑，那么曹操之谋便是从容轻松，招之即来。你看他面对生死毫不畏惧，机智灵活，诡谋迭起，妙计百出，谈笑之间不知有几个对手无处藏身，灰飞烟灭，似这等诡秘头脑，又有几人懂得？

鲁迅说：“其实，曹操是一个很有本事的人，至少是个英雄，我虽不是曹操一党，但无论如何，总是非常佩服他。”

2

曹操，在中国历史上是最有争议的人物之一。拥之者称之为英雄，反之者称之为枭雄。英雄也好，枭雄也罢，仅凭在那个“家家欲为帝王，人人欲为公侯”的时代里，曹操能从一个离经叛道的顽皮少年，左右冲突，一步步造就霸势，走上高位这一点，便足以证明他智慧超群。

曹操（公元155—220年），东汉末期权臣，杰出的政治家、军事家和文学家，字孟德，沛国谯县（今安徽亳县）人。父曹嵩，乃宦官曹腾养子，虽官至太尉，仍为士族所鄙。曹操二十岁以孝廉为郎，后以骑都尉，参与镇压颍川黄巾起义军，被命为西园八校尉之一的典军校尉。中平六年（公元189年），因董卓专权，他逃离洛阳，至陈留（今河南开封东南）散家财，聚兵五千人，与袁绍为首的关东州郡军一起讨伐董卓。当时诸军畏卓，莫敢先进，唯操出战，董卓西逃，袁绍表操为东郡太守。初平三年（公元192年），青州黄巾起义军攻入兖州，杀刺史刘岱，州吏拥曹操领兖州牧，曹操率兵打败黄巾军三十余万，收其精锐为部下，号“青州兵”。在随后几年的兼并战争中，曹操表现出了杰出的才能：打败袁术，攻破陶谦，平定张邈，消灭吕布，逐渐壮大成一支与袁绍相对抗的力量。建安五年（公元200年）官渡之战，曹操以少胜多，打败袁绍十万大军，乘胜追击，陆续攻占原属袁绍的冀、青、幽、并四州。十二年（公元207年），又消灭曾收留袁绍二子、以辽西柳城（今辽宁朝阳西南）为根据地的少数民族乌桓势力，基本统一北方。

曹操根据荀彧的谋划，于建安元年（公元196年）将处于困境的汉献帝从洛阳迎到自己势力范围内的许县（今河南许昌东），作为傀儡，并迁都于许。从此，他“奉天子以令不臣”，政治上主动，号召力增强。

他募民屯田许下，得谷百万斛。后推广到许多州郡，史称所在积粟，仓廪皆满，从物质供应上保证了战争的胜利。

他精通《孙子兵法》，是今存为此书作注的第一人，著有兵书十万余言，善于运用古代军事学说和战略战术，“因事设奇，谲敌制胜，变化如神”。

他多次下令求贤，要求“唯才是举”。与东汉重视德行、门第不同，只要才干杰出，有治国用兵之术，即使出身微贱，不懂儒家经术，不仁不孝，名声卑污，曹操都会考虑予以重用，甚至拔为大将、牧守。豪强大族率众投奔者，他也极力笼络，崇以官职。此外，他又不完全否定德行标准，而且很重视对名士的争取。部下对其如不竭诚效忠，一经发觉，立即清除，毫不容情。一时间，“天下忠正效实之士咸愿为用”，其麾下人才济济。

曹操“揽申、商之法术”，受先秦法家思想影响很大，不官不功之臣，不赏不战之士，强调“拨乱之政，以刑为先”。在此思想指导下，他残酷镇压农民反抗，同时对豪强大族的不法行为给予严厉打击。平定冀州后，他立即下令，加重对豪强兼并的惩罚。

建安十三年（公元208年），曹操晋位丞相，率军南征。荆州刘表适病卒，子琮归降。操进军江陵，沿长江顺流东下，与孙权、刘备联军会战于赤壁。其时南北统一条件远未成熟：北方军队长途跋涉，不服水土，兵多疾病；荆州降军心有顾虑，未肯力战；加上曹操骄傲轻敌，最终在孙刘联军火攻之下大败而归。此后，他将重点转向巩固北方的统治，镇压朝廷中的异己力量包括皇后伏氏的反抗，并继续消灭北方残余割据势力。建安十六年（公元211年），曹操讨平关陇地区马超、韩遂,四年以后又征降汉中的张鲁，为代汉做了充分准备。在此期间，他曾数次进攻孙权、刘备，但都无功而还。

建安十八年（公元213年），曹操封魏公，建魏国，都于邺。魏国拥有冀州十郡之地，置丞相以下百官。三年后，曹操晋爵魏王，用天子旌旗，戴旒冕，出入得称警跸，他名义上虽为汉臣，实际上已是皇帝。后来，子曹丕代汉，追尊其为魏武帝。

这就是曹操，一个拥有传奇一生的英雄，不管后人怎样评价他，他永远坚定地站在属于自己的那圈历史年轮上。有人唾骂他是“汉贼”，有人称赞他为“能臣”，“一千个人心中有一千个哈姆雷特”，读者眼中的曹操形象又何止千万？

3

在现代社会中，我们究竟能从曹操身上学到些什么呢？

首先，曹操是个杰出的政治家。三国乱世，群雄纷争，人才辈出。曹操凭着他杰出的智慧和才干，东征西讨，南征北战，对当时国家的统一事业做出了伟大的贡献。论三国群英，以综合素质看，刘备、诸葛亮、孙权等人都比不上曹操。

其次，曹操是个优秀的领导者。曹操的领导智慧给人以高深莫测的感觉，正是靠着这种超凡的智慧，“治世之能臣，乱世之奸雄”的曹操终成霸业。他取信于人，虚怀若谷，满腹经纶，饱经沧桑；他以德取誉，以理服人，积极进取，豁达乐观；他做事踏实，稳妥发展，机智灵活，妙计百出；他爱才识才，遍揽天下豪杰，确有王者风范，使当时的谋臣勇将争相归附。

最后，曹操还是一个一流的智谋家。想那刘备之计谋无不出自诸葛之手，而孙权之计也出自周瑜之流，独有曹操本身就是一个才比诸葛、谋过周瑜的谋略家，危急关头无不是眉头一皱计上心来。

当今商战竞争激烈，国际局势动荡不安，各国都在竞相研究《三国演义》，想把三国人物智慧运用于军事和经济活动中。曹操的一生处处体现着智慧与练达。世事变幻莫测，没有一成不变、放之四海而皆准的法则，因此，我们应学会曹操的机变与干练。

假如你练就了曹操的办事能力，你就能如鱼得水，无往而不胜；假如你修成了曹操的做人之道，你就会赢得世人的尊重、信任与支持；兼而有之，你必能领袖群雄，登上人生巅峰！

目录 CONTENTS

第一章　厚积薄发，为实现目标创造条件 ······························ 1

想要改变自己的命运，就要像曹操一样学会在这个纷繁的世界中睁大眼睛，在最适合自己脱颖而出的时候站出来，在最不适合自己出现的时候“隐身”。真正可成大事者，大多懂得厚积薄发、后发制人的道理。

1. 先立志，再与成功约会 ······························ 1
2. 信心：自我心理建筑的工程师 ······························ 6
3. 该露锋芒的时候别隐藏 ······························ 10
4. 设置合理的目标 ······························ 13
5. 看准机会，才能一击奏效 ······························ 15
6. 坚持不懈，终有所成 ······························ 21

第二章　雷厉风行，敢闯敢干才是本事 ······························ 23

敢想敢干、立即付诸行动、果断处事历来是曹操的做事风格，他这种快刀斩乱麻的做法，不仅展示了自己非凡的政治才干及胆识魄力，也在当时纷乱的局面中为自己赢得了更多机会，消除了无数隐患。

1. 敢想敢干，积极行动 ······························ 23
2. 勇于冒险，自古富贵险中求 ······························ 28

3. 敢为天下先 …………………………………… 32
4. 激情是前行的动力 ……………………………… 36

第三章 能容能恕，大度方容天下事 …………………… 39

人有多大的度量，就能干多大的事业。能容天下之事，才能容天下之人；能容天下之人，才能汇聚天下英才于麾下，并形成势力。曹操深知绝不可以怨服怨的简单道理。以牙还牙，以毒攻毒，虽然可以解一时之气，却难以平息由此产生的严重后果。

1. 有度量，得饶人处且饶人 ………………………… 39
2. 一笑泯恩仇，大度能成天下事 …………………… 43
3. 容人所长，学会欣赏他人 ………………………… 48
4. 宽以待人，因善得福 ……………………………… 52
5. 不念旧恶，豁达是你看待这个世界的姿态 ……… 56

第四章 以退为进，为进一丈何妨先退一尺 …………… 60

凶猛的动物在进攻猎物前总是身体先向后撤退，然后再猛扑过去；当我们要越过宽沟高坎时，也总是先向后退几步，再一跃而过。有时，退让就是最好的进取手段，而曹操正是借此底牌，方才捕获更多的“猎物”，从而称霸天下，成为一代枭雄。

1. 能屈能伸，善于适应 ……………………………… 60
2. 掌握好进退妥协的尺度 …………………………… 65
3. 适时退让才能取得更大的成功 …………………… 69
4. 知进不知退者难有大作为 ………………………… 72
5. 善隐忍者，方成大业 ……………………………… 77

第五章 借力而行，让别人为你做嫁衣 ······ 82

帆船出海，风筝上天，无不是“好风凭借力，送我上青云”。一个人要想干出一番成就，立于不败之地，仅靠单打独斗是行不通的。古今中外，成大事者都善打“借力”牌，他们敢借、能借、会借、善借，最终实现了自己的目标。

1. 借力获利，乱中取胜 ······ 82
2. 借一种旗号提升影响力 ······ 86
3. 空手套狼，变敌有为我有 ······ 93
4. 借人之手，为我解忧 ······ 97
5. 借别人的“光”照亮自己的路 ······ 101

第六章 控制局面，学会迂回前进 ······ 105

开疆辟土争天下，仗是一定要打的，只是打仗不一定非要硬碰硬。要战胜对手，架高、分化、反间、借势等都是关键性因素。将这些策略运用自如，可以从根本上瓦解敌对者的斗志，削弱敌对者的力量，达到不战而胜的目的。

1. 化整为零，逐个击破赢全局 ······ 105
2. 找到分化敌对力量的方法 ······ 110
3. 散布假消息，声东击西 ······ 114
4. 将欲取之，必先予之 ······ 117
5. 不敌其力而消其势 ······ 121
6. 敌人的敌人就是朋友 ······ 125

第七章　灵活变通，见机行事收效大 ………………… 129

在漫长的人生旅途中，每个人都会面对变化，都要选择变化，并学会正确地处理变化。灵活变通是天地间最大的智慧，为人处世有时不按照常规出牌，恰能妙招频出，让一切难题迎刃而解。

1. 杀人和献刀本是一个姿势 ………………… 129
2. 临危不乱，处变不惊 ………………… 133
3. 随手一指，谋事在人 ………………… 136
4. 目的一个，手段要多 ………………… 139
5. 深谙世事，学会变通 ………………… 145
6. 兵不厌诈，巧用手段 ………………… 148

第八章　恩威并施，赏罚分明的领导艺术 ………………… 153

曹操虽得“一代奸雄”之称，但其在为人方面却颇通方圆之道：其方者以诚相待，取信于人，虚怀若谷，决不食言；其圆者我行我素，机智灵活。此一刚一柔、一阴一阳之道，可谓烂熟于曹操胸中。

1. 严以律己，以身作则 ………………… 153
2. 恩威并举，软硬兼施 ………………… 157
3. 善用谋略，军纪严明 ………………… 161
4. 造铜雀台，重赏奇兵 ………………… 165

第九章 运筹帷幄，谋划好了再行动 ………………… 168

能成大事者，必定深谋远虑。急于求成不一定能赢棋，料敌在先，把每一步都看得更深更远，才能使敌人处处受制。不要以为那些成功者的胜利靠的是运气，运气其实是精心运筹的结果。

1. 看问题要看到根源上 ………………………… 168
2. 未雨绸缪稳江山 ……………………………… 172
3. 杀抚并用，分化敌人 ………………………… 178
4. 没有谋划就没有未来 ………………………… 181
5. 打好基础图长远 ……………………………… 186
6. 居高见远，身后疑冢防人盗 ………………… 191

第十章 笑对逆境，永不言败 ……………………… 195

人之成功，不唯有旷世之才，亦要有笑傲三国的勇气与毅力，穷且益坚，不坠青云之志。人生的成功就在战胜一个又一个困难中得到充分的体现。永不言败，是一种勇往直前的魄力，是一种百折不挠的韧性。

1. 再苦再难都要笑一笑 ………………………… 195
2. 路还要靠自己去走 …………………………… 199
3. 与狼共舞，让自己变成一头狼 ……………… 203
4. 九十九次的失败换来一次成功 ……………… 208
5. 敢于拒绝，勇于说“不” …………………… 213

第一章

厚积薄发，为实现目标创造条件

想要改变自己的命运，就要像曹操一样学会在这个纷繁的世界中睁大眼睛，在最适合自己脱颖而出的时候站出来，在最不适合自己出现的时候“隐身”。真正可成大事者，大多懂得厚积薄发、后发制人的道理。

1. 先立志，再与成功约会

爱因斯坦说过：每个人都有一定的理想，这种理想决定着他努力和判断的方向。

所以，从现在起，给自己的人生立个志向、树个目标，成功的意识需要培养，你须先立志，之后才能与成功约会。

年仅20岁的曹操，刚入仕途就显示出了其“不安分”的行事作风。在任洛阳北部县尉时，鉴于权贵横行，搅得社会很不安宁的现状，曹操到任之初就赶制了十根五色大棒，悬挂在大门左右，示曰：“有犯禁者，不避豪贵，皆责之。”权重势大的宦官蹇硕的叔父违反规定，提刀夜行，巡夜的曹操拿住这位无人敢惹的太岁，毫不留情地以棒责打，“由是，内外无敢犯者，威名颇震”。

黄巾起义后，曹操率兵参与镇压，由于战功显赫，受封为典军校尉。董卓专权，朝政日非，曹操在刺杀董卓未果后，逃出京城洛阳回到家乡，然后一面假传皇帝诏书，号召各地讨伐贼臣董卓，一面在族人、友人的帮助下招募兵马，参加到讨伐董卓的大军中。十八路诸侯与董卓小战之后，各怀私心，互相观望，任凭董卓劫持皇帝迁都长安。曹操对此大为不满，毅然率军追击。虽然兵败受伤，但也足见曹操与袁绍等辈不一样，是个勇于进取之人。曹操见十八路诸侯畏缩不前，不能成事，就率领残兵败将回到了山东。不久，青州黄巾军又起，曹操进兵镇压，得降卒30万，选拔精锐，号为“青州兵”。之后，曹操以兖州为根据地，招贤纳士，广揽人才，“文有谋臣，武有猛将，威震山东”。接着，曹操在山东击败吕布，迎汉献帝到许昌，“挟天子以令不臣”，这样一来，除军事上拥有较强实力外，他又掌握了政治上的主动权。此后，曹操东征西讨，逐鹿中原，开始了兼并群雄的战争。

军阀张绣败而降，降而叛，最终被曹操吞并；妄自称尊的南方最大军阀袁术也被曹操彻底消灭；败而复起、骁勇善战的吕布被曹操斩草除根；刘备数次东山再起，数次被曹操击败，以至于在中原无法立足；官渡之战，曹操以劣势的兵力大破袁绍，此后接连进击，天下势力最强大的袁绍及其残余势力被消灭殆尽，曹操夺得了冀、青、幽、并四州的广大土地。经过数年征战，曹操基本上统一了北方。之后，曹操挥师南下，夺取了刘表据有的荆州。由于轻敌和急功近利，曹操在赤壁遭到了孙权和刘备的沉重打击。然而，曹操并没有一蹶不振。赤壁之战后，他不仅统兵入关，消灭了马超、韩遂势力，进军汉中，消灭了张鲁，而且一直没有放弃吞并孙、刘一统天下的努力。曹操在临死之前，因一统天下的理想未能实现而遗憾不已，他对曹洪等人说："孤纵横天下三十余年，群雄皆灭，只有江东孙权、西蜀刘备未曾剿除……"曹操的一生，是"老骥伏枥，志在千里"的一生。开拓进展的精神，是他赖以取得事业上的巨大成就，并成为三国时代最杰出的政治家、军事家的首要因素。现代人在自身素质修养方面最应该学习的，就是曹操不断开拓进取的品格。

没有开拓进取的精神，就无法创立和发展事业。如果曹操在追击董卓失败后心灰意冷，卸甲归田，或是在占据兖州之后像刘表那样自我满足，就不会有后来那样伟大的成就。事实上，长久的原地踏步是不可能的，人类和自然界的任何事物都处在不断运动的状态，静止只是短暂的、相对的。事业也是如此，要想维持一定的状态，不进也不退是不现实的，不进则退，这是必然的规律。假如曹操登上丞相的宝座，就坐享富贵，不思进取，那么，要不了多久，他就会被别人取而代之，因为比曹操强大的袁绍、袁术等人绝不会容忍朝政大权长久地掌握在曹操手中。就如刘璋，他是从父亲刘焉手中接管益州的，原本只想守住这点基业，不图有更大的作为，结果时日不长就被刘备夺去了。明智的守业者会选择以攻为守，只有开拓进取，才能长久地守住已有的事业。正如诸葛亮在《后出师表》中所说："汉贼不两立，王业不偏安""然不伐贼，王业亦亡"。

有一个女孩，她在18岁之前一直不知道自己想要什么，每天就在艺校里跟同学唱歌、跳舞，偶尔有导演来找她拍戏，她就会很兴奋地去拍，无论角色多么小。直到1993年的一天，教她专业课的赵老师突然找她谈话："你能告诉我，你未来的打算吗？"女孩一下子愣住了，她不明白老师为什么会突然问她如此严肃的问题，更不知该怎样回答。

见她不作声，老师又问："现在的生活你满意吗？"她摇摇头。老师笑了："不满意证明你还有救。你现在想想，10年以后你会怎样？"

老师的话很轻，落在她心里却很沉重。沉默许久后，她说："我希望10年以后自己能成为最好的女演员，同时可以发行一张属于自己的音乐专辑。"

老师问她："你确定了吗？"女孩咬紧嘴唇，想了一会儿，坚定地说道："是。""好，既然你确定了，我们就把这个目标倒着算回来。10年以后你28岁，那时你是一个红透半边天的大明星，同时出了一张专辑。那么，你27岁的时候，除了接拍各种名导演的戏以外，一定还要有一个完整的音乐作品，可以拿到很多很多的唱片公司试听，对不对？25岁的时候，在演艺事业上，你要不断进行学习和思考。另外，你还要有很棒的音乐作品开始录制。23岁时，你必须接受各种各样的培训，包括音乐上和肢体上的。20岁的时候，你开始作曲作词，并在演戏方面接拍大一点的角色……"

老师的话说得很轻松，却让她感到一种恐惧。这样推下来，她马上就要着手为自己的理想做准备了。可是，她现在什么都不会，什么都没想过，仍然为小丫环、小舞女之类的角色沾沾自喜，她感觉到有一股强大的压力向自己袭来。老师平静地笑着说："你是一棵好苗子，但你对人生缺少规划。如果你确定了目标，希望你从现在就开始做。"

听了老师的话，她感觉自己整个人都觉醒了。从那时起，她明白要实现自己的梦想，就要从现在做起，时刻为了以后打基础。所以，她比以前更加努力了。毕业后，她开始对角色认真筛选。渐渐地，她被大家所熟知，尝到了成功的喜悦。

这个女孩就是如今红遍全国、驰名海内外的影视歌三栖明星周迅。从1991年到2008年的17年间，周迅拍摄各类题材的影视剧37部，成为32种知名品牌的形象代言人。百花奖、金紫荆奖、金像奖、金马奖她都先后问鼎，她的歌曲也深受广大歌迷的喜爱。毫无疑问，所有这些成就的取得，都是周迅牢记老师的话“确定目标，从现在做起”的结果。

我们不会忘记《李米的猜想》带给我们的震撼，更不会忘记《女人不坏》带给我们的快乐，周迅作为一代偶像，给我们树立了最好的榜样：树立远大目标，从现在做起。

远大的目标就是推动人们前进的梦想。随着这梦想的实现，你会明白成功的要素是什么。没有远大的目标，人生就没有瞄准和射击的目标，就没有更崇高的使命带给你希望。正如道格拉斯·勒顿说的：“你决定人生追求什么之后，你就作出了人生最重大的选择。要能如愿，首先要弄清你的愿望是什么。”有了理想，你就会看清自己想取得什么成就。有了目标，你就会有一股无论顺境逆境都勇往直前的冲劲，目标能使你取得超越自己能力的东西。

阿基米德说过：“给我一个支点，我可以撬起整个地球。”是的，只要坚定目标，自强不息，你就能奔向成功的彼岸。曹操就是凭借这一优势，不断成长壮大，最后成就大业。

2. 信心：自我心理建筑的工程师

苏格拉底说：“一个人是否有成就，只要看他是否具有自尊心和自信心两个条件。”人活着，理应具备那种“仰天大笑出门去，我辈岂是蓬蒿人”的自信与气势，这样的人气质会更优秀高雅，谈吐会更洒脱大度，与人交流起来也会更加轻松自然，进而具备一种可在不知不觉中感染、打动人的魅力。

有人说，成功的欲望是创造和拥有财富的源泉。人一旦拥有了这一欲望，并经由自我暗示和潜意识的激发后形成一种信心，这种信心便会转化为一种“积极的感情”。它能够激发潜意识释放出无穷的热情、精力和智慧，进而帮助其获得巨大的财富和事业上的成就。有人把“信心”比喻为“一个人心理建筑的工程师”。在现实生活中，信心一旦与思考相结合，就能激发潜意识来激励人们表现出无限的智慧，使每个人的欲望所求转化为物质、金钱、事业等方面的有形价值。

从《三国演义》第二十一回“曹操煮酒论英雄”的故事中，可以看出曹操就是一个非常自信的人。

一天，曹操摘了青梅，煮好酒，请来刘备，二人对坐开怀畅饮。酒至半酣，曹操请刘备评定谁是当世的英雄。刘备说：“淮南袁术，兵粮足备，可为英雄?”曹操笑着说：“冢中枯骨，吾早晚必擒之!”刘备说：“河北袁绍，四世三公，门多故吏。今虎踞冀州之地，部下能事者极多，可为英雄?”曹操笑着说：“袁绍色厉胆薄，好谋无断。干大事而惜身，见小利而忘命，非英雄也。”刘备说：“有一人名称八俊，威镇九州，刘景升可为英雄？”曹操说：“刘表虚名无实，非英雄也。”刘备说：“有一人血气方刚，江东领袖，孙伯符乃英雄也？”曹操说：“孙策藉父之名，非英雄也。”刘备说：“益州刘季玉，可为英雄乎？”曹操说：“刘璋虽系宗室，乃守户之犬耳，何足为英雄？”刘备说：“如张绣、张鲁、韩遂等辈皆何如？”曹操拍掌大笑说：“此等碌碌小人，何足挂齿！”在曹操眼里，到底谁是英雄呢？曹操用手指向刘备，然后又指着自己说：“今天下英雄，惟使君与操耳！”

随着时间的推移，刘备所历数的“英雄”，除了孙策年轻病死，刘璋被刘备所灭外，袁术、袁绍、刘表、张绣、张鲁、韩遂等人，都相继被曹操一一消灭。曹操成功的原因是多方面的，就其自身的心理素质而言，藐视群雄、高度自信也是不可或缺的主观因素。

美国作家爱默生曾经说过：“自信是成功的第一秘诀。”有自信不一定能成功，但没有自信就意味着对自己评价过低，自我否定，从而导致心理脆弱，做事谨小慎微、畏畏缩缩、瞻前顾后，进而陷入恶性循环，使人的意志被消磨，信念追求被冲淡，身心健康被摧残，工作爱情遭遇挫折，最终深陷悲观哀怨的泥潭而无法自拔。所有这些都源于缺乏自信。

要知道，你的自我感觉会在很大程度上影响别人对你的态度：轻视，平视，抑或仰视。拥有自信，起码能够使你与沟通对象处于平起平坐的地位；反过来，如果你不够自信，自己都觉得矮人三分，对方自然更不会给予你足够的重视，如此，沟通效果必定大打折扣。

自信能使你在人群中出彩，彰显个人魅力。这种光芒能够为你在现实中吸收到更多的能量，为你的事业添砖加瓦。

1900年7月，在浩渺无边的大西洋上，海风怒吼，巨浪滔天。暴风雨中，一叶小舟一会儿冲上浪尖，一会儿跌入波谷，恶劣的天气和狂风巨浪似乎要将它撕个粉碎。驾驶这叶小舟的是一位金发碧眼的年轻人，他是一名德国医学博士，名叫林德曼。大海无情，曾经吞噬过无数鲜活的生命，为什么林德曼要孤身一人进行这危险的航行？为什么他要选择这样恶劣的天气？

林德曼在德国从事的是精神病学研究，出于对这份职业的执着，他正在以自己的生命为代价，进行着一项亘古未有的心理学实验。

林德曼博士在医疗实践中发现，许多人之所以会成为精神病患者，主要是因为他们感情脆弱，缺乏坚强的意志，心理承受能力差，经受不住失败和困难的考验，关键时刻失去了对自己的信心。有些看上去体格健壮的人，后来却因为承受不住心理的压力而精神崩溃。林德曼认为：一个人保持身心健康的关键，是要永远自信。

当时，德国举国上下正在掀起一场独舟横渡大西洋的探险热潮，全国先后有100多位勇士驾舟横渡大西洋，但结果均遭失败，无一生还。消息传来，舆论界一片哗然，认为这项活动纯属冒险，它超过了人体承受能力的极限，是极其残酷的“自杀”行为。

林德曼却不这么认为。经过对这些勇士遇难情况的认真分析，他认为，这些遇难的人不是身体承受不住，而主要是死于精神上的崩溃，死于恐怖和绝望。

林德曼的观点遭到了舆论的质疑：探险勇士难道还不够自信？为了验证自己的观点，林德曼不顾亲人和朋友反对，决定亲自做一次横渡大西洋的试验。

在航行中，林德曼遇到了许多难以想象的困难。在漫漫的航程中，孤独、寂寞、疾病、体力的消耗、精力的消耗，都在销蚀着他的意志。特别是在航行最后的18天中，他遇上了强大的季风，小船的杆折断了，船舷被海浪打裂了，船舱进了水。林德曼必须把舵紧紧地捆在腰上，腾出手来拼命地往外舀船舱里的水。

在和滔天巨浪搏斗的3天3夜中，他没有吃一粒米，没有合一下眼。那场面真是惊心动魄，九死一生。多少次，他感觉自己快要坚持不住了，有几次眼前甚至出现了幻觉，但每当他产生放弃的念头时，他就会狠狠地掐自己的胳膊，直到感到疼痛，然后激励自己："林德曼，你不是懦夫，你不会葬身大海，你一定会成功！再坚持一天，就是胜利的彼岸。"

"我一定会成功！"林德曼的心中反复地呼喊着这几个字。生的希望支撑着林德曼最终取得了成功。

"100多人都失败了，我为什么能成功呢？"他说，"我一直相信自己一定能成功。即使在最困难的时候，我也以此自励！这个信念已经和我身体的每一个细胞融为了一体。"

林德曼的故事告诉我们，不管面对什么样的质疑，不论在什么样的困境中，唯一能拯救你的是你自己——你自己的信心；唯一能打垮你的也是你自己——你自己的灰心。

"生当做人杰，死亦为鬼雄。"没有人愿意给人留下缺乏自信、胆怯懦弱的印象，且不说这种表现本身就会使人难以发挥出正常水平，仅仅是出于做人的最基本的尊严，也应该将不自信的生活态度彻底抛掉。

生活中的许多问题、困难与不顺其实都来源于缺乏自信。一旦有了信心，你的整个生活都会有所改变。它会让你对生活充满希望，使你的人生充满快乐，帮助你更加从容地驾驭生活。自信是一种美妙的生活态度，它会给你带来那些以前一直与你擦肩而过的快乐、健康、爱情、财富与成就。

莎士比亚曾经说过："自信是走向成功的第一步，缺乏自信是失败的根本原因。”纵观古今，许多人之所以失败，不是因为他们没有能力，而是因为他们不相信自己的能力。一个人如果没有自信，其人生就会像一个被扎破的气球，迅速萎缩。这样的你，怎么可能取得成功呢？

3. 该露锋芒的时候别隐藏

虽说做人最好不要锋芒太露，但这并不是说面对任何事都要一味藏拙，而要该藏则藏，该露则露。因此，一旦你施展才华、大露锋芒就能够一举成名时，千万不要吝啬，应把所有的技能展现出来，使自己脱颖而出。此时的你完全不必顾忌他人的嫉妒心，因为他们已无法对你造成伤害。

曹操上任后，烧出的第一把火就是处死了皇帝宠幸太监的亲属，这件事轰动朝野，曹操也一时声名大噪，并因此而得到擢升，可以说是名利双收，完美地达到了表现自己、推销自我的目的。

每年的春季，雄孔雀为了赢得雌孔雀的注意，会张开色彩绚丽的尾屏，将自己最美丽的一面展现出来，这就是让我们叹为观止的“孔雀开屏”。孔雀在恰当的时机把自己最美的一面展现给自己心仪的配偶，可谓是一种绝妙的自我推销方式。

孔雀开屏给我们的启示是：才能非凡并不见得就能脱颖而出，更何况，很多人的才能还远远达不到让人眼前一亮的程度。因此，即使你是一个才华出众的人，也要懂得表现自己，善于推销自己。曹操的经历告诉我们：弱者等待机会，强者创造机会。这是一条自古以来颠扑不破的真理。

“酒香不怕巷子深”的时代已经成为过去，今天，主动表现自己并善于表现自己成了一种新的潮流。善于表现自己是一种自我推销的能力，只有通过这种自我推销，才能让别人知道你的能力，为自己博取更好的发展机会。

唐李亢《独异记》中记载了有关唐代诗人陈子昂的一个故事：

陈子昂初入长安，不为人知。一日，市衢中有卖胡琴的，索价百万。围者甚众，谁也说不准这琴到底值不值这个价钱。陈子昂自人群中挤入，声称要出一千缗把它买了。众人惊诧不已，问：“买来做什么用呢？”

陈子昂答称：“我自幼善乐，此琴正派用处。”

又问：“能否听君演奏呢？”

子昂称诺，告之明日可带上你们的朋友来我住处，我会备好酒肴。

翌日，众人如约偕往。座上酒肴齐备，水陆俱陈。酒过三巡，子昂持琴而起，朗声宣告：“蜀人陈子昂，有诗文百卷，奔走京华，碌碌尘土，不为人知。未料近日竟以胡琴播名，可为一叹。然演乐之事情乃贱工一技，何足君辈瞩意！”

言罢，忽将胡琴掷地，顿作碎片。众皆惊讶，一时寂然无声。子昂取诗卷文稿赠各位，四座喧腾，跃跃争阅，于是一日之内，陈子昂声播京华。

这段关于陈子昂的故事是否真有其事无从考证，但是，其背后所包含的善于自我表现的智慧却是值得今人思考的。陈子昂为了展现自己的才华，尽管付出了一把胡琴的高昂代价，但也当即获得了“声播京华”的显著成效。

在一千多年前，资讯极不发达的年代，尚且有人为了表现自己而去采取非常手段。现代职场人要想从众多的竞争者中脱颖而出，又何尝不需要充分地表现自己呢？

一天，一个偏僻的小山村突然开进了一辆汽车。这可是件新鲜事，全村人都围了过来。从车上走下几个人，其中一个穿黑皮夹克的中年男子问大家：“你们想不想演电影？谁想演请站出来。”一连问了好几遍，村民们都不说话。

这时，一个十几岁的女孩子站了出来，说：“我想演。”她长得并不漂亮，单眼皮，脸蛋红扑扑的，透着一股山里孩子特有的倔强和淳朴。“你会唱歌吗？”中年男子问。“会。”女孩子大方地回答。“那你现在就唱一个。”“行！”女孩子开口就唱，一边唱还一边扭，“我们的祖国是花园，花园的花朵真鲜艳……”村民们大笑，因为她的歌唱得实在不怎么好听，不但跑了调，而且唱到一半还忘了词。令人没想到的是，那中年男子却用手一指：“好，就是你了！”

这个勇敢向前迈了一步的女孩子叫魏敏芝。她幸运地被大导演张艺谋选中，在电影《一个也不能少》中出演女主角，她的名字很快便传遍了大江南北。

这似乎是一个奇迹，但这个成功的例子也足以让一些怀才不遇的人沉思：机遇稍纵即逝，该露锋芒的时候千万别藏着掖着。

能成大事者往往擅长审时度势，该露锋芒时，他们绝不含糊，能够勇敢地明确表达自己的立场和目标，做自己认为可行的决定，并付诸行动。这样才不至于被动，也能够掌控局面，做自己的主人。

孔子的弟子常常感叹“不吾知也”，今天的年轻人也经常慨叹“虚负凌云万丈才，一生襟抱未曾开”，总是幻想着“明主”的“三顾茅庐”，然后直接“书生拜大将”，这近乎天方夜谭。要知道，刘备的三顾茅庐也是因为事先有了司马徽、徐元直等人的推荐才成行的。如果你不搞出点动静，做出点名气，明主就是想访贤也无处寻觅。年纪轻轻就故作世故老成、藏拙自保，最后只能把中庸诠释为平庸。要成功，就要学曹操，露锋芒，别隐藏，出名要趁早。

4. 设置合理的目标

人无法选择生活的时代，但可以利用时代带来的机遇创造自己的人生。曹操生在乱世，那个时代人人都想称王称霸，把别人踩在脚下，但只有曹操最终傲立于群雄当中，成了一代雄杰。

曹操生于东汉末年的公元155年，也就是东汉桓帝在位期间。

当曹操步入“弱冠”之年时，正值灵帝刘宏在位前期。东汉末期有四大显著特征：一是最高统治者皇帝腐朽无能，桓帝、灵帝、献帝三代，一代不如一代；二是封建朝廷统治集团诸势力间的争斗异常激烈、残酷，桓帝、灵帝在位期间均发生了“党锢之祸”，外戚、宦官、“党人”诸集团势力无不阴谋诛杀异己，独断专权；三是由于苛政，平民百姓的生活很艰苦，甚至很多人都无法生存，导致民心动摇，阶级矛盾加深；四是大小割据军阀都在竭尽全力扩大地盘，战争随处可见。

所谓“乱世出英雄”，在那样一个乱世，正需要曹操这样的人。这就好比在职场上遇到强大的竞争对手时，必会有一番较量一样。想要摆脱混乱局面，就必须进行一次终结性的混乱斗争。在这样的竞争环境中，我们必须给自己一个准确的定位，这样才可能达到预期的效果。否则，本可以当领袖的人却妄自菲薄，埋没了才能。

如果把现代社会的竞争看成一场战争，那么，每一个身处其中的人都应该具备自我角色设定的意识，并采取一系列有效措施来实现自己的目标，在自己愿意为之努力的领域成就一番事业。

混乱的局面高手如林，这些都不是最让人感到紧张、害怕的事，你给自己设定了一个怎样的定位和起点才是关键。就像俗语说的那样：好的开始是成功的一半。给自己的事业和人生一个适当的定位，也是成功的一半。

熙熙攘攘的伦敦街头，繁华的霓虹灯下，一个可怜的乞丐站在地铁出口处卖铅笔，很多人看也不看一眼便越过他，直奔自己的目的地。当乞丐盘算着如何更好地乞讨以解决自己的晚餐时，一名商人路过他身边，向他的杯子里投了几枚硬币，然后匆忙而去。过了一会儿，商人又转回来取了支铅笔，并说："对不起，我忘了拿铅笔，毕竟你和我一样，都是商人。"听了这话，乞丐犹如遭遇当头棒喝。

几年后，商人参加一次高级酒会，遇见了一位衣冠楚楚的先生向他敬酒致谢。这位先生说，他就是当初卖铅笔的乞丐。他生活的改变，得益于商人的那句话："毕竟你和我一样，都是商人。"是商人给了他重新定位人生的机会。

这则故事告诉我们：当你将自己定位于乞丐时，你就是乞丐；当你将自己定位于商人时，你就是商人。定位于人生而言举足轻重，一个人的发展在某种程度上取决于自己对自己的评价。你在心中把自己定位成什么，你就是什么，因为定位能决定人生，定位能改变人生。

汽车大王福特自幼帮父亲在农场干活，但他想做一名机械师。12岁时，他已经开始构想造一台能够在路上行走的机器来代替牲口和人力，而父亲和周围的人都认为他应该“本分”地在农场帮忙。若他真的听从了父辈的安排，世间便少了一位伟大的企业家。所幸，福特坚信自己可以成为一名机械师，他用1年时间完成了其他人需要3年才能完成的机械师训练，随后又花了2年多时间研究蒸汽原理。后来，他又投入到汽油机研究上，每天都梦想能制造出一部汽车。他的创意被大发明家爱迪生所赏识，爱迪生邀请他到底特律公司担任工程师。经过10年努力，在29岁时，福特成功地制造出了第一部汽车引擎。

福特的成功，不能不归功于他定位的正确和不懈的努力。

明确自己的优缺点，找准自己的坐标，才能勾勒出清晰的人生轨迹，走上适合自己的成功之路。

5. 看准机会，才能一击奏效

对任何人来说，能够看准机会并抓住时机都是非常重要的，这是取得事业成功的必不可少的因素。没有机会，即便才华横溢，也未必能够登上成功之巅；因失掉千载难逢的好时机而遗憾终生的人也不在少数。

弱者等待机会，而强者创造机会。时机虽受各种因素的综合影响，但不管如何，有一点是肯定的，那就是经过个人的努力，时机是可以把握的。

灵帝中平元年（公元184年），黄巾起义爆发，曹操在镇压起义军的战争中，战功卓著，被朝廷提拔为济南相，后又被封为议郎。但当时的官场黑暗，曹操不肯迎合权贵，便辞官回乡隐居去了。

中平六年（公元189年），董卓废掉了原来的皇帝，立陈留王刘协为帝，这就是汉献帝。然后，他又自封相国，专擅朝政。这自然引起了其他贵族的反对，一个讨伐董卓的集团由此形成。

汉献帝初平元年（公元190年）正月，十八路诸侯在关东起兵讨伐董卓，他们共同推举袁绍为盟主，曹操也以奋武将军的身份参加了战争。同年二月，董卓见形势不好，就把汉献帝送到了长安，然后自己留在洛阳抵御关东军。董卓的西北军战斗力很强，所以十几万关东军都龟缩在酸枣（今河南延津北）一带，谁也不敢去打洛阳。

这时，曹操不管别人怎么干，自己带着他的几千兵马杀了上去。结果寡不敌众，被董卓的大将徐荣打得十分狼狈，几乎全军覆没，如果没有曹洪的相救，曹操差点性命不保。回到酸枣以后，曹操建议各路诸侯分兵去攻打武关（今陕西丹凤东南），这样就可以把董卓包围，但他的建议根本就没人采纳。

初平三年（公元192年），司徒王允与吕布在长安设计除掉了董卓。董卓部将李傕、郭汜为了给董卓报仇，杀入长安城，先杀了王允，接着又去攻打吕布。从此，国家陷入一片混乱，州郡牧守各据一方，形成了诸侯割据的局面。

李傕、郭汜控制长安后，劫持了汉献帝刘协，在城中烧杀抢掠，无恶不作。后来，汉献帝的岳父董承联合各地的力量，把汉献帝从李傕的手中夺了过来，又把他迎回了东都洛阳。但这时，洛阳早被董卓烧毁，成了一片废墟，别说皇宫了，连稍微像样的房子都没有，汉献帝和文武官员只得先搭几个草棚住下。住的问题暂时解决了，但吃的问题还没有，不要说粮食，就连野草也很难找到，不少大臣饿死在墙角、路边。

此时，各地的军阀正忙着扩大自己的地盘，根本没人有工夫管这个有名无实的皇帝，各地军阀的混战又加剧了百姓的苦难。原来的义军被镇压了，又有新的义军组织起来，他们仍打着黄巾军的旗号。没多久，他们就攻下了兖州，杀死了兖州刺史刘岱。

这时候的曹操已经脱离了关东联军，自己带着人跑到扬州去“闹革命”了。当他到达徐州，听说刘岱被杀时，他知道自己的机会来了，于是，他立刻派谋士陈宫到兖州去游说。

这时候，兖州的官吏绅士们正群龙无首，怕得要命，曹操的到来无疑成了他们的救命稻草，所以，他们果断地拥护曹操当了兖州牧。就这样，曹操有了自己的地盘，开始安下心来镇压黄巾军。

这时，各地势力都掌握在军阀手中，汉献帝成了彻彻底底的光杆儿司令。但他毕竟还是名义上的皇帝，所以，袁绍的谋士沮授建议把汉献帝接过来，到时便可以“挟天子以令诸侯”。但袁绍这个人刚愎自用，根本就没把这个空头皇帝放在眼里，认为有他没他都无所谓。

与此同时，驻兵许昌的曹操也在为应该怎样对待这个皇帝而踌躇不定。

就在曹操不知该怎么办的时候，他的谋士荀彧对他说：“春秋时期，晋文公重耳保护周襄王，他成了霸主；汉高祖为义帝发丧，他打败了霸王项羽，建立了大汉王朝。所以我认为，我们应该把落难的皇帝迎接到我们这里来，这样做既可以赢得民心，到时还能‘挟天子以令诸侯’。我们不能错过这个时机呀！”

曹操听了，深为所动，于是立即派曹洪带领一支人马到洛阳去迎接汉献帝。当时，朝中的大臣们以为曹操是来杀皇帝的，急忙发兵阻拦曹洪的人马。无奈之下，曹操只好亲自跑到洛阳去接汉献帝。他对汉献帝和众大臣们说："我那里条件比这里好一点，如果圣上到许昌去，就不用在这里受苦了。"献帝和众大臣苦日子早就过够了，曹操的话正说进了他们的心坎里。就这样，许昌变成了东汉的临时都城，称为许都。

到了许都以后，曹操给汉献帝建造了宫殿，又恢复了上朝的朝仪。曹操自封大将军，开始用献帝的名义向各地割据军阀发号施令。这就是"挟天子以令诸侯"。

机遇就像一个精灵，它来无影去无踪，令人难以捉摸。在实践活动中，如果你能在时机来临之前就识别它，在它溜走之前就采取行动，你就能抓住那转瞬即逝的成功。

有很多人都在苦苦等待机会，但是，一味地等待机会的降临是一种非常无知而可笑的想法。千万不要以为机会就是一个到家里来的客人，会在你家门口敲门，等你去开门迎它。仅凭这种祈求和等待，你将永远无法抓住机会，永远不可能成功。

人们也许根本不会想到，风靡全世界，曾影响几代人生活的牛仔裤竟是一个名叫李维·施特劳斯的小商贩发明的，他制造的第一条牛仔裤是美国西部淘金工人的工装裤。

19世纪50年代，李维·施特劳斯和千千万万年轻人一同经历了美国历史上震撼人心的西部移民运动。这场运动不是由政府发动，而是源于一则令人惊喜的消息：美国西部发现了大片金矿。

消息一经传出，立即在美国刮起了一股向西部移民的风潮。满怀发财梦的人们，携家带口纷纷涌向通往金矿的路途，涌向那曾经一片荒凉、人迹罕至的不毛之地。

在通往旧金山的道路上，高篷马车首尾相接，滚滚人流络绎不绝，景象分外壮观。李维·施特劳斯也受到了黄金的诱惑，毅然放弃了他早已厌倦的文职工作，加入到汹涌的淘金大潮中。一到旧金山，李维·施特劳斯便被眼前的景象惊住了：

一望无际的帐篷，多如蚁群的淘金者，他的发财梦顿时被惊醒了一半。

难道要像他们一样忙忙碌碌而无所收获吗？

不能！也许是犹太人血统里天生的经商天分在李维·施特劳斯的身上起了作用，他决定放弃从沙土里淘金，转而从淘金工人身上淘金。

主意已定，李维·施特劳斯用身上所有的钱物，开办了一家专门针对淘金工人销售日用百货的小商店。李维·施特劳斯这一独具慧眼的决定，为他今后发财致富奠定了良好基础。

小商店开业以后，生意十分兴旺，日用百货的销售量很大。李维·施特劳斯整日忙着进货和销货，十分辛苦，但利润也非常丰厚。在同行小商贩中，李维·施特劳斯因吃苦耐劳和善于经营而小有名气，商店的生意也越做越好。为了获取更大的利润，李维·施特劳斯开始频繁外出拓展业务。

一天，他看见淘金者用来搭帐篷和马车篷的帆布很畅销，便乘船购置了一大批帆布准备运回淘金工地出售。在船上，许多人都认识他，他捎带的小商品还没运下船就被抢购一空，但帆布却无人问津。

船到码头，卸下货物之后，李维·施特劳斯开始高声叫喊推销他的帆布。他看见一名淘金工人迎面走来，于是赶紧迎上去拉住他，热情地询问："您是不是要买一些帆布搭帐篷？"

淘金工人摇摇头说："我不需要再建一个帐篷。"他看着李维·施特劳斯失望的表情，接着又说，“您为什么不带些裤子来呢？”

“裤子？为什么要带裤子来？”李维·施特劳斯惊奇地问道。

“不经穿的裤子对挖金矿的人来说一钱不值。”这位金矿工人继续说道，“现在，矿工们所穿的裤子都是棉布做的，穿不了几天就磨破了。如果用这些帆布来做裤子，既结实又耐磨，说不定会大受欢迎。”

乍一听到这番话，李维·施特劳斯以为他是在开玩笑，但转念仔细一想，却觉得很有道理，何不试一试呢？

于是，李维·施特劳斯领着这位淘金工人来到裁缝店，用帆布为他做了一条样式很别致的工装裤。这位矿工穿上结实的帆布工装裤高兴万分，逢人就讲他的这条裤子。消息传开后，人们纷纷前来询问，李维·施特劳斯当机立断，把剩余的帐篷布全部做成工装裤，结果很快就被抢购一空。

1850年，世界上第一条牛仔裤就这样在李维·施特劳斯手中诞生了，它很快风靡起来，同时也为李维·施特劳斯带来了巨大的财富。

世上有些人能取得辉煌的成就，不一定是因为他比你聪明，而仅仅是因为他比你更懂得把握机遇。

人们需要以百倍的勇气和耐心在崎岖人生之路上慢慢摸索，机遇又往往在险峰之间，它只钟情于那些不畏艰难困苦的人。

6. 坚持不懈，终有所成

“老骥伏枥，志在千里；烈士暮年，壮心不已。”曹操一生经历过辉煌，也遭遇过惨败。可是到了晚年，他依旧充满战斗力，不愿意服输。他心中怀着伟大的政治理想，那就是统一天下。他毕生都在为实现这个理想而努力。

公元190年，曹操做出了一生之中最重要的决定，扯旗募兵讨伐董卓，那一年他35岁。等到他最终统一北方，挥师南下时，已经52岁了。尽管他在赤壁遭遇了最惨重的失败，可是这并未动摇他完成统一霸业的决心。很快，他又重振旗鼓，等待时机，蓄势待发。他清楚眼下要想跨过长江已不现实，于是率领重兵挺进西南，准备由西往南再向东谋求统一之路。56岁时，曹操与马超战于潼关；60岁时，他西征张鲁，进至汉中；后来他占据汉中，返回邺都，亲耕籍田，以此来巩固“屯田制”的成果。就在他病逝的前一年，汉中失守，他准备由斜谷到阳平，与刘备展开殊死搏斗。尽管他一生并没有真正实现统一中国的宏愿，可他“志在千里”的愿望却在不断激励着一代又一代奋发进取的人。

要想做一个成功的人，就必须摒弃急于求成的激进心理，以一种平和的心态踏踏实实地走好每一步。只有做到这一点，才不会在筑造事业大厦时出现“踩空”现象。

对很多人来说，美国西部是一个充满诱惑力的地方。为此，很多人都跑到那里打工，梦想从那里捞到一桶金，闯出一片天地，艾伦与太斯也不例外。

艾伦与太斯相识在前往美国西部的路上，二人提起去打工的事情，双双勾勒起未来美好的蓝图。到了美国西部后，他们开始不断地寻找机会。

有一天，二人同行，发现地上有一枚硬币。艾伦看也不看，抬着头径直走了过去，而太斯却低下头将硬币拾了起来。艾伦用鄙夷的目光看着太斯想："一个硬币都要捡，真没出息，这样的人怎么能成大事?"而太斯却认为："看着钱在自己的脚下溜走，这样的人怎么能成就事业呢?"

一次偶然的机会，两个人被同一家公司录取。由于公司规模不是很大，所以分工没有那么细，时常要一个人做三个人的事情，但他们的工资待遇却不高。艾伦对这份工作不太满意，没干多久就离开了；而太斯却快乐地接受了，并且努力地工作着。

艾伦之后又进了一家公司，他总在不断地努力寻找机会。两年后，艾伦与太斯在街上相遇。这时的太斯已经闯出了一片属于自己的天地，拥有了属于自己的公司，而艾伦则仍然一事无成，两年来没有一个固定的工作。

艾伦不理解地问："太斯，你连一个掉在地上的硬币都要捡，这太没出息了，可为什么你能做出一番大事呢?"

太斯只说了一句话："路要一步一步地走。"

不愿意从小事做起的人注定无法获得成功。大钱从何而来？还不是靠小钱的积累吗？小钱都抓不住，如何掌控大钱？每个人都希望在事业上取得成功，干出一番"惊天动地"的大事，然而，希望虽然美好，但在实现它的时候还需要付出努力，才能一步一步地实现目标。

第二章

雷厉风行，敢闯敢干才是本事

敢想敢干、立即付诸行动、果断处事历来是曹操的做事风格，他这种快刀斩乱麻的做法，不仅展示了自己非凡的政治才干及胆识魄力，也在当时纷乱的局面中为自己赢得了更多机会，消除了无数隐患。

每个人都有一定的安全区，你想跨越自己目前的成就，就不要划地自限。勇于接受挑战，充实自我，你一定会发展得比想象中更好。

1. 敢想敢干，积极行动

英国著名诗人艾略特曾说过：“世上没有一个伟大的业绩是由事事都追求稳操胜券的犹豫不决者创造的。”无论做什么工作，考虑得差不多了，就去大胆行动，而不要等到所有条件都具备，准备得十全十美之后才去行动，敢想敢干才能把握住转瞬即逝的机会，收获最大的收益。

光和三年六月，汉灵帝诏令公卿每人推荐一个通晓《尚书》《毛诗》《左传》和《谷梁传》的士人，任为议郎。曹操因通晓古文经学，被拜为议郎，议郎属于皇帝的文书班子，随时听命皇帝的调遣，虽然没有具体的职掌，却拥有议政的权力。

在此任职期间，曹操尽管没有实权，但充分发挥了自己的议政权力，敢想敢干，针砭时弊，在献计献策上，不怕得罪当朝权贵。最著名的一件事是上书为窦武、陈蕃申冤鸣不平。

这件事虽然不大，却不是一般人能做的，但曹操不仅想到了，也付诸了行动。他上书朝廷，为宦官的死对头——前大将军窦武和太傅陈蕃鸣冤叫屈。原来，十多年前，这二人由于不满宦官专政，欲诛杀那些掌握实权的宦官，不料走漏了消息，宦官先发制人，将两人杀害。

通过这件事，曹操可以说是明目张胆地与宦官对着干。曹操想通过这次翻案来冲击宦官势力，显然不是一时的心血来潮，而是经过深思熟虑的。当时，东汉皇朝正处于社会危机大爆发前夕。一方面，以张角为首的秘密组织太平道正四处串联、图谋造反；另一方面，遭禁锢的“党人”情系社稷安危，要求驱除宦官，革新政治。身处其中的曹操，自然感受到了时局即将面临大的变化。为窦武、陈蕃鸣冤叫屈，体现了他的忧患意识，以及重新起用“党人”的意愿。

正是看到了其中的诸多利害关系，曹操才果断抓住此案，甘冒风险，进行很可能会“牵一发而动全身”的挑战。

分析好利弊关系，虽然事情棘手，选择了就会付诸行动，曹操的果敢及做事魄力可见一斑。

在法国南部一个小城里，住着一群人。他们从来没有离开过小城，所以一直以为小城是世上最美丽、最富饶的地方。后来，一位外地的客商路过小城，客商告诉他们：小城是一个极不起眼的地方，小城之外，有很多地方都比它更美丽、更富饶。

听了客商的话，小城中的人们决定出去走一走，开开眼界。有了这个想法之后，他们决定在出发之前做一份周全的计划。他们根据客商的描述制订了一份内容详尽的计划，后来客商离开了小城，留给了他们一本关于旅行的书。根据这本书介绍的内容，他们觉得最初制订的计划不够周全，于是又加入了一些新的条款。

经过几次修改和完善，他们终于有了一份完整的出行计划，可还是不能立即出发，因为出行计划上罗列的许多东西他们还没有准备好。他们要买地图，但由于从来没有走出过小城，所以他们只能等从外面来的商贩。等了很久，终于有商贩来了，他们从商贩手中买了好几份地图，不过商贩告诉他们，如果想到更远的地方旅行，最好用地球仪，于是他们又等待卖地球仪的商贩进城。

过了一段时间，他们等到了地球仪；在买了地球仪之后，他们发现还需要火车时刻表；在有了火车时刻表之后，他们又发现还需要指南针；在这些东西都准备好之后，他们又觉得还需要一个行李箱；行李箱准备好之后，又发现没有锁，出门不安全，于是又找铁匠打了一把十分保险的锁……

等人们把一切都准备好之后，他们才发现自己已年老力衰，根本没有足够的力气去实施当年制订的计划。况且，他们当初的那份雄心壮志早已被时间消耗殆尽，最后，他们不得不老死在小城中。

空有计划而不付诸实践，永远都不可能成功，就像故事中小城的人们一样，计划虽然天衣无缝，极尽完美，但他们始终不敢将计划付诸实践。这种前怕狼后怕虎的犹豫态度，最终也使得他们完美的计划付诸东流，没有任何实际效果。

迈出成功的第一步总是很艰难的，这需要莫大的勇气和决心，而将想法付诸实践便是实现梦想的第一步。只有踏出了这一步，你才能迈上成功的大道。畏畏缩缩，迟迟不肯行动，再完美的计划和想法都会付诸东流。

一个在事业上有所成就的人，身上必然会闪耀着思想的火花，正如乔布斯说的那句话："只要敢想，就没什么不可能。"如果我们禁锢了自己的思想，成功永远都不可能眷顾我们，唯有勇敢而大胆地去设想，才能让一切不可能全部变成可能。

俗语有云："梦想有多大，舞台就有多大。"在漫长的人生旅途中，我们难免会遭遇困难，有些人被眼前的困境局限，不敢设想未来的美好，最后只能碌碌无为地了却此生。殊不知，那些只是一时的障碍，只要我们大胆地设想，就能够激励自己突破重围。

自古盖房子出售，都是先盖好房再出售，这似乎是天经地义的事情。但香港商界奇才霍英东却在20世纪中叶来了个反其道而行之——"先出售，后建筑"。这一打破常规的冒险行为，创造了一种全新的经营模式，使他迈上了由一介平民到亿万富豪的传奇创业之路。

霍英东是中国香港立信建筑置业公司的创始人。在香港居民的眼中，他是个"奇特的发迹者"。"白手起家，短期发迹""无端发达""轻而易举""一举成功"等，这些议论将霍英东的发迹蒙上了一层神秘的色彩。霍英东的发迹真的那么神秘吗？不，他主要是运用了"先出售，后建筑"的冒险高招。

霍英东做生意有一个可贵的品质，那就是不错过任何一个机会来发展自己的事业。20世纪50年代，霍英东独具慧眼，看出了香港人多地少的特点，认准了房地产业大有可为，于是毅然倾其多年积蓄，投资到房地产市场。这无疑是比较大胆和冒险的行为，如果失败，他可能会血本无归，倾家荡产，但幸运的是，他赌对了。从1954年开始，他着手成立了立信建筑置业公司，每日忙于拆旧楼、建新楼，又买又卖，大展宏图，用他自己的话说，他“从此翻开了人生崭新的、决定性的一页”！

在他以前的房地产业，都是先花一笔钱购地建房，建成一座楼宇后再逐层出售，或按房收租。这种方法虽然稳妥踏实，但对于快速发展的事业却颇为不利。霍英东通过反复思考后想到了一个妙招，即预先把将要建筑的楼宇分层出售，再用收上来的资金建筑楼宇，也就是先售后建。这一先一后的颠倒，使他得以用少量资金办了大事情。原来只能兴建一幢楼房的资金，他可以用来建筑几幢新楼，甚至更多；同时，他又有了较雄厚的资金购置好地皮，采购先进的建筑机械，从而提高建房质量和速度，降低建造成本。更具竞争力的是，他的楼宇位置比同行更优越，而价格却比同行更低廉。此外，他有时还会采用分期付款的预售方式，使人人都能买得起房。

这种如今看似稀松平常的手法在当时无疑是石破天惊般的创新和冒险举动。霍英东的做法的确高明，他开创了大楼预售的先河，成就了房地产全新的经营模式。为了推广先出售后建筑的营销模式，霍英东率先采用了小册子及广告等形式广为宣传。他说：“我们开展各种宣传，以便更多有余钱的人来买，譬如来港定居或投资的华侨、劳累了半生略有积蓄的职员、赌博暴发户、做其他小生意撑满荷包的商贩，都可以来投资房产。谁不想自己有房住？只有众多的人关心它、了解它、参与它，我们的事业才有希望。”霍英东的广告效果颇为不错，短短几年，立信建筑置业公司所营建、出售的高楼大厦就遍布香港岛、九龙地区，打破了香港房地产买卖的纪录。这个既不是建筑工程师出身，又非房地产经营老手的年轻人在不长的时间里便成了赫赫有名的楼宇住宅建筑大王，资产逾亿万的大富豪。

霍英东的奇思妙想和敢想敢做的冒险精神成就了他的大业。没有行动，想得再多也是徒劳；即使是向前跨进一小步，也要比在原地等好得多。在实践中进行不同尝试，先做起来，你才能从过程中得到经验，并根据经验不断改进，继续前进。切记一点，机会来了就行动，别等，如果一直等，再大的决心也会被磨平。只有先做起来，才能维持心中旺盛的激情，在行动中变得更踏实，因为“行动将会使猛狮般的恐惧减缓为蚂蚁般的平静”。

当你明确了自己的行动思路并制定了相应的行动目标之后，还有一个最关键的环节，那就是将你的目标和规划付诸行动，否则，一切都是空谈。

2. 勇于冒险，自古富贵险中求

成大事的人能够直面风险，他们知道，干事业有时就是一场赌博。实际上，所有的人生决策都是赌博。人生能有几次搏，只有敢于拼搏的人，才能有灿烂的明天。

曹操喜欢诈术，可以说是来自天性。在他几十年的政治生涯中，诈一直是他的本色。事实上，在群雄逐鹿的年代里，诈是一种环境氛围，也是一种生存本领。诈其实就是一种冒险，成功了，万事大吉；失败了，声名狼藉。所以，只有勇敢和智慧兼具的人才敢于冒险，甘于冒险。曹操一生纵横捭阖，东征西讨，玩弄皇帝于股掌之中，权术谋略用得炉火纯青，难怪被人称为“治国之能臣，乱世之奸雄”。

袁绍要渡河与曹军对阵，沮授出来劝说袁绍：“我们的人虽多，但不及曹兵英勇善战。不过，曹操的粮草少，我们的粮草多，曹操急于和我们交战，而我们最好的策略是拖延时间，所以，应打持久战，拖垮曹操。”可惜袁绍的耳朵只能听进谄媚之语，听不进正确的计谋，他一意孤行，命令大军向前推进，渡过黄河，紧靠沙滩筑营，东西连绵数十里。曹操大军也向两翼展开，构筑阵地，双方遥遥相对。

这时，曹操驻守官渡前线的士兵只有一万多人，又有许多是伤员，因此，他决定采取速战速决的战略，主动发起攻击，但打了一阵，不能取胜，只得收军退回营垒。

袁绍在营中堆土成山，建立高楼，向曹操军营射箭，曹操军营完全暴露在敌人射程之内，官兵们要用盾牌蒙头才敢通行。曹操下令制造“霹雳车”（一种抛掷巨石的攻城车辆），用于攻击袁绍营中高楼，将高楼一一打倒。袁绍再挖掘地道，曹操则在营内挖掘横沟阻挡。过了一个月，曹军粮食越来越少，士气也逐渐低落。

面对这种情况，曹操打算退回许昌，以后再与袁绍决战。曹操写信给留守许都的荀彧征求意见，荀彧回信说：“今军食虽少，未若楚、汉在荥阳、成皋间也。是时，刘、项莫肯先退，先退者势屈也。公以十分居一之众，画地而守之，扼其喉而不得进，已半年矣。情见势竭，必将有变，此用奇之时，不可失也。”

荀彧的这封信对于曹操取得官渡之战的胜利具有关键性的意义。

最终，曹操听了荀彧的建议，驻兵官渡，“困兽犹斗”。

袁绍并非无能之辈，他曾试图分兵扰乱曹操后方，派刘备去联合汝南刘辟掏曹操的老窝。不出袁绍所料，刘备进兵，“自许以来，吏民不安”。但刘备等人“新将绍兵，未能得其用”，被曹操部将曹仁战败。

这样拖拖延延，到了建安五年九月，袁绍大将韩猛运千车粮草来到官渡。

荀攸对曹操说：“绍粮车旦暮至，其将韩猛锐而轻敌，击可破也。”

对曹操而言，截留或烧掉袁绍的粮草已成当务之急，否则，袁绍粮草的增加势必会更加坚定袁绍战胜他的信心，稳定袁军军心。

于是，曹操派人截击韩猛。韩猛抵挡不住，拨马回走，徐晃催军烧尽辎重。

曹操派徐晃深入袁绍防区烧袁军粮草本身就是冒险，成功的把握到底有多大，恐怕连曹操自己也说不清楚。如果徐晃陷入重围，张辽、许褚的援军又被截断，那么曹操的烧粮计划不但无法实现，徐晃所率的烧粮部队也完全有可能全军覆没。然而，曹操的冒险成功了，他不但烧毁了袁绍数千辆粮车，而且挫伤了袁军的锐气。

曹操烧掉袁绍的粮车后，并未从根本上改变战争格局，袁绍的大批粮草仍囤积在乌巢，未受丝毫损失。相反，曹操的粮草已所剩无几。为摆脱困境，曹操派人到许昌催粮，没想到催粮人被袁绍的谋士许攸抓获。许攸得知曹操粮草告急，劝袁绍分兵偷袭许昌，刚愎自用的袁绍怀疑许攸和曹操的关系，竟不采纳许攸的建议，白白丢掉了战机。受袁绍猜忌的许攸投奔到曹操营寨后，马上建议曹操派一支精兵偷袭袁绍的囤粮之所，这个风险极大的建议引起了曹操身边许多人的怀疑。

张辽认为：“袁绍囤粮之所，安得无备？丞相未可轻往，恐许攸有诈。”

荀攸、贾诩则劝曹操接受许攸的建议，曹操毫不犹豫地采纳了偷袭乌巢的建议，亲自带领一支部队趁着夜色向乌巢进发。

曹操此次孤注一掷的冒险成功了，他像孙悟空钻进牛魔王的肚子里一样，带着五千人马钻到了几十万袁军的大后方。他所面对的是两万多乌巢守军，在淳于琼的军队还未被消灭的时候，袁绍所派的援军就已赶到，曹操陷入了腹背受敌的境地。置之死地的士兵一看已无路可退，纷纷响应曹操的号召，背水一战，奋勇杀敌，终于以劣势的兵力打垮了袁军的前后夹击，为曹操彻底扭转战局奠定了坚实的基础。

官渡之战以曹操大获全胜和袁绍全军覆没而告终。如果曹操没有两次冒险的成功，仅靠自己的实力和袁绍硬拼，兵微将寡、粮草不足的曹军即使破釜沉舟，也很难阻止数十万袁军进攻的步伐；如果袁绍破坏了曹操两次胆大包天的冒险行动，官渡之战就可能是另一个结局。

曹操官渡之战两次冒险之所以能获得成功，一个很重要的原因就是机会把握得好。

第一次冒险烧粮是在袁绍初战告捷之后，袁军气势正盛，疏于防范。曹操出其不意，攻其不备，利用袁绍麻痹大意之时发动突然袭击，成功自然在情理之中。

同样，如果袁绍在派韩猛押运粮草的同时，另派一员大将在粮道上埋伏，徐晃的烧粮行动不但可能化为泡影，带去的人马也难以逃脱全军覆灭的厄运。

当然，光靠机会，冒险也不一定成功，如果没有成熟的自然条件，冒险者只会落个玩火自焚的结局。曹操烧袁绍粮草时，正值秋季八九月间，这时秋高气爽，风急干燥。徐晃截烧韩猛粮草的晚上，韩猛的运粮车正行走在山谷中。秋季本就风大，山谷中风力自然更大，所谓火借风势，风助火威，韩猛的数千辆粮车顷刻间便化为灰烬。曹操偷袭乌巢时，月明星稀，到乌巢后，天已快亮，黎明前风势正猛，曹军四处放火，“一霎时，火焰四起，烟迷太空”，粮草、营寨一眨眼化为乌有。如果烧粮时阴雨连绵、阴云密布，曹操火种、干柴带得再多，也很难烧掉袁绍的粮草。

官渡之战的胜利确实与曹操敢于冒险有很大关系，它是曹操一生以冒险求发展的一个缩影。

要成大事，肯定要承担一定的风险，世间没有绝无风险的成功机会。没有风险的机会，必定没有多大的成就空间。

人生本身就是一种挑战，冒险与收获是结伴而行的，要想有丰硕成果，就得敢于冒险。同样是失败，尝试后再失败比不尝试就失败有价值得多。

3. 敢为天下先

成功的第一要义便是敢想敢做，出手果断，正所谓“十个好点子不如一次真行动”。只有敢于冒险，敢为天下先，敢于第一个吃螃蟹的人，才能真正地在社会中纵横捭阖，成为人人景仰的成功人士。

有人曾经说过，阴谋主静，阳谋主动，对曹操来说，无论是阴谋、阳谋，都需要脚踏实地地去实施。一百个想法，不如一次实际行动。曹操的成功告诉我们，敢战者方能成功。

东汉末年，政治黑暗。外戚和宦官势力的激烈斗争导致皇权易位成为旦夕之间的事。手握重兵、残暴专横的并州牧董卓带兵进京，经过一番疯狂的残杀、掠夺，董卓成了一个控制着皇帝，横行于世，谁也奈何不得的霸主，其淫威如日中天。而在这时，曹操却毅然不受董卓之召任，逃出洛阳，在陈留招兵买马，建立起了一支由曹操的宗族家兵为基本力量的仅有5000人的武装，以这支武装为基础，曹操走上了讨伐董卓以及后来的霸主之路。

中平六年（公元189年）十二月，曹操在陈留郡正式起兵。当时各地州牧郡守有的还在积极筹备，有的甚至还在犹豫观望，只有陈留太守张邈与曹操互相呼应，共同筹划，与他同时起兵。曹操虽然兵少，主观上也不想多招兵，但他没有被动地等待机会，没有消极地保存自己的力量，而是首举义兵，为天下倡，表现出了非凡的胆识、气魄和勇气，这对迅速掀起反董斗争的高潮起了十分关键的作用。

第二年正月，继曹操、张邈之后，函谷关以东各州郡也纷纷起兵讨伐董卓，主要有后将军袁术、冀州牧韩馥、豫州刺史孔仙、兖州刺史刘岱、河东太守王匡、渤海太守袁绍、东郡太守桥瑁、广陵太守张超（张邈之弟）、山阳太守袁遗及骑都尉鲍信等人。荆州刺史刘表得知消息后，也聚兵屯驻襄阳，与义兵遥相呼应。长沙太守孙坚则率兵北上，准备直接投身讨董运动。

由曹操首倡的关东联盟以讨董救国相号召，而实际上却同床异梦、各怀异心，他们只想保存实力，并没有同董卓真正交锋的打算。对此，曹操十分失望，他气愤地对各路将领说："起义兵而诛暴乱，今大军会合已齐，现在还有什么疑虑的呢？如果我们刚开始举动，董卓挟持王室，占据长安、洛阳各地险阻，以皇上的声威号令天下，尽管他们残暴无道，但还是让人担心的。可现在董卓竟然劫持天子，焚烧宫室，举国震动，人心惶恐，天怒人愤，这正是他自投罗网，一战即可定天下，这时机万万不可错失啊！"

诸将对曹操肺腑之词无动于衷，曹操决定单独出兵，以此带动诸将，结果仅鲍信兄弟响应，连张邈也只派卫兹带了少量士兵随同作战，自己依然按兵不动。

曹操无奈，只得靠仅有的两路人马奋勇出击。他准备先占成皋，再做良图。但不幸的是，进军途中，曹操在荥阳汴水岸边与董卓大将徐荣大军相遇。曹操部下皆为新兵，训练不足，董军却是久经战阵的凉州骑兵，曹军自然不是其对手，激战一天便败北了，鲍信受伤，鲍韬、卫兹战死，曹操也中了箭，多亏曹洪相救才幸免于难。

曹操在陈留起兵，兵败负伤，以一次未捷的尝试开始了自己的宏图霸业。可见，杰出人物在观大局、处大事上，都有不同寻常之处，其中之一便是不畏强权，敢作敢为，即使失败了也在所不惜。

汴水一战，是曹操军政生涯的一次惨败，也是他以血的代价换到的一次鼓舞：天下诸侯皆非救时之才，能成事者，操尔！只是，他还必须从头做起。

也许我们有许多好的想法，有许多可成功的机会，但我们却始终没有去干，最后一事无成，当然，这些话都是在说过去。从今天开始，只要有梦想，请勇敢地站起来，马上开始行动，胜利就在前方。

亚默尔出生于农民家庭，17岁就远离父母外出闯天下。由于他具有敏锐的预见能力，善于捕捉先机，制定正确的投资策略，所以他创造出了一个又一个令人惊叹的奇迹，由一个赤手空拳的小农夫，一跃成为千万富翁和杰出的企业家。

19世纪中叶，美国人在加利福尼亚发现了金矿。消息传开后，成千上万的人带着发财梦，风餐露宿，日夜兼程，迫不及待地奔向那里。

在滚滚人流中，有个背着破包裹的名叫菲利普·亚默尔的17岁小伙子也满怀希望地同大家一起赶路。

亚默尔是带着“黄金梦”来的，到达目的地后才知道采金并不容易，各地涌来的人太多了，到处都是采金的人，吃饭喝水都成了大问题。

亚默尔和大家一道拼命地埋头苦干。在烈日骄阳的暴晒下，人们的汗水不停地流淌。山谷里气候异常干燥，水源缺乏，在这里，水同黄金一样贵重。

“谁要是让我饱饮一顿凉水，我给他两个金币！”

掘金人不断地发出类似的抱怨声，他们太需要水了。可是在黄金的诱惑下，谁也舍不得花时间去找水。

亚默尔心里一动：与其跟这么多人一起漫无边际地挖金子，何不想办法搞些水来卖呢？说不定能赚大钱。

于是，亚默尔放弃了采金的工作，用挖金子的铁铲挖了一条水沟，把河水引进掘好的水池里，过滤了细沙后，水变得清澈可饮了。然后，他把水分装成壶，运到工地上卖，结果，一个个口干舌燥的淘金狂争先恐后地抢购亚默尔的水。

这时，有人挖苦亚默尔：“你辛辛苦苦跑到这里来，不挖金子，却卖水，真是个大傻瓜！”

任凭人们嘲讽，亚默尔依旧我行我素地卖水。结果，当越来越多的人白白付出了巨大努力却一无所获而不得不忍饥挨饿流落异乡时，亚默尔已经靠卖水赚了6000美元。

俗话说：万事开头难。许多事情有一才有二，事物的发展总是从第一做起。但是，做第一个吃螃蟹的人要有充分的勇气和过人的胆识。上古时期，神农氏尝百草识其药性，一日而遇七十毒，如此才有了今天治病救人的本草百药。可见，做第一个吃螃蟹的人虽然要面临死亡的危险，但对人类的文明发展来说，却功德无量。而曹操在他的一生中也总是以卓越的胆识勇为天下先，做了许多别人不敢做也不能做的事，这才使得他成为千古枭雄。

4. 激情是前行的动力

革命先烈李大钊说：“以我青春知我，创造青春之家庭，青春之国家，青春之民族，青春之人类，青春之地球，青春之宇宙，资以乐其无涯之生。”西点军校出身的将军戴维·格立森说：“要想获得这个世界上最大奖赏，你必须拥有过去最伟大的开拓者所拥有的将梦想转化为全部有价值的献身激情，以此来发展和展示自己的才能。”

所谓激情，就是要有一种面对困难敢于克服，面对机遇敢于挑战，面对艰险敢于探索，面对落后敢于奋起，面对竞争敢于争先的勇气。激情不是一个空洞的名词，它是一种力量，是一种精神支柱。

曹操在《龟虽寿》中写道：“老骥伏枥，志在千里。烈士暮年，壮心不已。盈缩之期，不但在天。养怡之福，可得永年。”

《龟虽寿》是曹操在垂暮之年写的一首诗，他自比一匹上了年纪的千里马，虽然形老体衰，屈居枥下，但胸中仍然激荡着驰骋千里的豪情。曹操认为，有志干一番事业的人，虽然到了晚年，但一颗勃勃雄心永不会消沉，对宏伟理想的追求永不会停息。

曹操的这首诗抒发了一种老当益壮、积极进取、志在建功立业的豪情。纵观曹操的一生，他是这样写的，更是这样做的。满怀激情，积极进取，正是曹操一生戎马生涯的真实写照。就如陈寿在《三国志》中对曹操的评价："汉末，天下大乱，雄豪并起，而袁绍虎视四州，强盛莫敌，太祖运筹演谋，鞭挞宇内，揽申、商之法术，该韩、白之奇策，官方授材，各因其器，矫情任算，不念旧恶，终能总御皇机，克成洪业者，惟其明略最优也。抑可谓非常之人，超世之杰矣。"

从陈寿的字里行间，我们可以看到曹操戎马一生、一刀一枪打天下的，激情燃烧的人生、无憾的人生。

拉里·埃里森可以说是世界上最疯狂、最富有激情的企业家之一。

埃里森是典型的技术狂人，他个性张扬，喜欢与人争斗，更热衷于与微软的比尔·盖茨进行较量。关于埃里森，在硅谷曾流传着这么一个笑话：上帝和拉里·埃里森有什么区别？上帝不认为自己是拉里·埃里森。埃里森的妄自尊大是众人皆知的事。

埃里森这种极富进取精神的好胜天性，使他在现实中展现出来的永远是一种咄咄逼人的气势。

埃里森的进取个性反映在公司经营上就是：他给公司制定出每年业绩增长100%的目标——100%这个数字是令他着迷的魔咒。这个增长率高于20世纪80年代其他任何一家公司。除了埃里森，几乎所有人都认为这是无法实现的荒唐目标。但正是在近乎疯狂的埃里森的带领下，甲骨文公司获得了极速的发展，甲骨文在成立的最初12年中，有11年软件销售额实现了100%以上的增长幅度。公司从第一年的4名员工、几十万美元的收入起家，突飞猛进到1989年的4148名员工、年销售额达5.83亿美元。90年代初期经过一阵混乱和调整后，甲骨文公司继续高速发展，成为年销售额达数十亿美元的世界第二大软件公司。

激情让人相信任何事情都有解决的办法，关键在于你的对策是否切实、有效、具有针对性。激情促使人们想方设法找到问题症结，寻求对症下药的良方，让困难在自己面前低头。面对同样的问题，激情的勇者想的是如何设法化解、战胜；懦弱者，想的则是如何一停二看三逃避。一样的难题，一样的挑战，不同的态度不仅体现出不同的思想境界，而且必然带来不同的发展局面和后果。

美国《今日心理学》杂志曾报道，一般人可能认为，成功只需要一个聪明的脑袋，但事实上，对于大多数成功者来讲，聪明并不是第一位的，更重要的是激情。

的确，激情常常能激发人产生意想不到的创意。激情会使人的大脑保持长时间的兴奋，使思想随意碰撞、交织、融会，创意便常常在其中诞生。并且，人拥有激情，便会习惯于从任何事物中发掘其本质，激发自己的灵感。激情还能使人敢于谋事，善于做事，让创意付诸实践。

如果我们留意身边，就会发现，有些人专业知识并不过硬，人也不是很聪明，却常常能取得令人想不到的成就，这是因为他拥有追求理想的激情。

现今的我们正置身在一个欣欣向荣的大时代，正当是大有作为的时候。虽然在前进的道路上会有许多困难和挑战，但即使这样，我们也应该正确面对，敢于拼搏，勇于克服。只有始终保持一颗不断进取之心、一股激情勃勃之气，才能始终坚定自己追赶、超越、必胜的信念，最终取得成功。

当然，激情并不等于头脑发热、盲目决策、好高骛远，更不等于随心所欲、目中无人、为所欲为，而是从客观实际出发，积极乐观地面对现实，刻苦奋进，锐意进取，开拓创新。如此，才能实现自己的理想、奋斗目标和人生价值。

第三章

能容能恕，大度方容天下事

人有多大的度量，就能干多大的事业。能容天下之事，才能容天下之人；能容天下之人，才能汇聚天下英才于麾下，并形成势力。曹操深知绝不可以怨服怨的简单道理。以牙还牙，以毒攻毒，虽然可以解一时之气，却难以平息由此产生的严重后果。

1. 有度量，得饶人处且饶人

一个人应该懂得得饶人处且饶人的道理，绝对不能坚持用一种仇恨、愤怒的态度去斤斤计较。这样的人，只会增强别人的敌意，搞坏身边人的心情，同时也给自己的事业带来损失。

有人认为，宽恕是一种比较文明的责罚。只有在有权力责罚却不责罚的时候才是宽恕，在有能力报复而不报复的时候才是饶恕。

欲成大事者，必要有这种大度的气魄，老子所说的“甘愿做天下的溪涧，甘愿做天下的川谷”就是这个意思。所以，孔子说：有盛德的人不轻佻、欺侮，轻佻、欺侮的君子会蒙蔽人心；轻佻、欺侮的小人欺罔而尽人力。一个人没有大度的气魄是不会有什么了不起的成就的。这种内在的优良德性，发挥出来，便是常人所说的“大度”。

三国时期，诸侯割据称雄，各个势力长期混战，力量此消彼长。曹操在这个过程中逐渐强大起来，成为唯一能和袁绍相抗衡的力量。

不过在当初，袁绍的实力比曹操强大得多，所以曹操手下的不少谋士都与袁绍有书信上的秘密往来，因为他们害怕曹操被袁绍兼并以后自己没有退身之路。

官渡之战结束后，在清理战利品时，曹军从袁军大营里缴获了一大摞书信，都是曹操的部下写给袁绍的密件。那些写了信的人见秘密即将败露，一个个胆战心惊，不知如何是好。正当众人紧张万分之际，曹操却当着大家的面，把那些信全部烧掉了，并对他们说：“过去的就让它过去吧，以前我们就像是鸡蛋，而袁军就像是石头，我也在为自己的退路担心，我的属下这么做，我完全能够理解。”

那些提心吊胆的人见曹操如此宽容，又目睹那一大摞书信在烈火中化为灰烬，个个如释重负，感到空前的轻松，不由得流下了感激的泪水。

那些给袁绍写过信的人，此后都成了曹操忠实的谋士，他们争相出谋划策，为曹操的称霸贡献自己的力量。

心胸宽则能容，能容则众归，众归则才聚，才聚则事业强。因此，想要成就大事业，必要有容人、容智、容物、容事的度量。

上官婉儿是李唐时期五言诗“上官体”的鼻祖上官仪的孙女。上官仪是唐初重臣，曾一度官任宰相，后因参与高宗的废后行动被武则天发觉，上官仪与其子被斩，上官婉儿与母沦为宫婢。婉儿14岁的时候，太子李贤与大臣裴炎、骆宾王等策划倒武政变，婉儿为了报仇也积极参与其中，后事情败露，太子被废，裴炎被斩，骆宾王亡命天涯，但上官婉儿却被武则天所赦。

上官婉儿14岁时曾作了一首名为《彩书怨》的诗，被武则天无意中发现。武则天不相信这么好的诗是出自一位女孩之手，便以室内剪彩花为题，让她即兴作一首五律诗，并且要用和《彩书怨》一样的韵。婉儿略加凝思，很快写出：“密叶因裁吐，新花逐剪舒。攀条虽不谬，摘蕊讵知虚。春至由来发，秋还未肯疏。借问桃将李，相乱欲何如？”武则天看后，连声称好，并夸她是一位才女。但对“借问桃将李，相乱欲何如”装作不解，问婉儿是什么意思。婉儿答：“是说假的花，足以乱真。”“你是不是在含沙射影？”武则天突然问道。婉儿十分镇静地回答：“天后陛下，我听说诗是没有一定解释的，要看解释的人心境如何。陛下如果说我在含沙射影，奴婢也不敢狡辩。”“答得好！”武则天不但没生气，还微笑着说：“我喜欢你这个倔强的性格。”接着，她又问婉儿：“我杀了你祖父，也杀了你父亲，你对我应有不共戴天之仇吧？”婉儿依旧平静地说：“如果陛下以为是，奴婢也不敢说不是。”武则天夸她答得好，还赞扬了她祖父上官仪的文才，并指出上官仪起草废后诏书之罪实难饶恕，希望上官婉儿能够理解她、效忠她。

但武则天的话并没有消除上官婉儿的仇怨，她最后还是参与了反对武则天的政变。东窗事发后，执法大臣提出按律“应处以绞刑”；若念其年幼，也可施以流刑，即发配岭南充军。而武则天则认为：据其罪行，应判绞刑，但念她才十几岁，若再受些教育，是可以变好的，所以，不宜处死。而发配岭南，山高路远，环境又恶劣，对一个少女来说，等于是要她的命，惩罚过重。尤其她很有天资，若用心培养，一定会成为非常出色的人才。最终，武则天下令对上官婉儿处以黥刑，即在她的额上刺一朵梅花，把朱砂涂进去，并决定把她留在自己身边，“用我的力量来感化她”。武则天还表示：如果连一个十几岁的孩子都不能感化，又怎么能够“以道德感化天下”呢？

武则天此举让上官婉儿非常感动。在以后的日子里，武则天经常对上官婉儿进行精心的指导，不断地去感化她、培养她，并重用她。上官婉儿也从武则天的言行举止中了解到了她的治国之才、博大胸怀和用人艺术，渐渐地对她消除了积怨和误解，代之以敬佩、尊重和爱戴，并以其聪明才智替她分忧解难，对她尽心尽力，成了她最得力的助手。

世界上只有一种人能够做到没有永远的敌人，那就是懂得宽恕之道之人，宽恕能够化解世界上最顽固的敌意和最强烈的仇恨。

正如圣严法师所说的：“慈悲没有敌人，智慧没有烦恼。”真正的宽容来自博大的胸襟，来自爱人如己的智慧。虽然我们可能做不到像华盛顿那样伟大，但在日常生活里，当别人以恶劣的态度相向时，我们要能忍耐一时之气，宽容地理解对方，理智地处理问题。

2. 一笑泯恩仇，大度能成天下事

人世间仇恨是最难让人忘掉的。谁都知道，曹操是一个爱憎分明的人，所以曹操仇恨的人一般都没什么好下场。但从另一个角度来说，曹操又是一个心胸宽广的人，当个人利益与天下利益发生冲突的时候，他选择的总是后者。正因为如此，才有了曹操与张绣化敌为友的佳话。

曹操三次南征张绣，第一次失败，第二次获胜，第三次互有胜负，基本上打了个平手。曹操未能消灭张绣，但张绣也没有足够的能力进攻许都，南边的局势暂时平稳了下来。在这种情势下，曹操接受了荀彧的建议，先东征吕布，平定了徐州，并打败了袁术。而在南征张绣的过程中，张绣曾把曹操打得措手不及，将曹操的爱子曹昂、心腹战将典韦等都杀死了。

建安四年（公元199年），曹操与袁绍在官渡一线对峙。此时，曹操想把张绣笼络过来一起对付袁绍，而袁绍为了对付曹操，也派使者来到穰城，约张绣出兵进攻许都，同时给贾诩写了一封亲笔信联络感情。当时袁绍势力强大，张绣本打算答应袁绍，谁知，贾诩出人意料地当着众人对袁绍的使者说："你回去告诉袁本初，他们兄弟之间尚且不能相容，怎么能容得下天下国士呢？"兄弟不能相容，指袁绍、袁术反目为仇、互相攻伐的事。贾诩冷不丁这么一说，毫无思想准备的张绣不由得大惊失色，脱口而出："您怎么这样说呢？"但贾诩胸有成竹，话已说出，使者只得动身回冀州复命。

事后，张绣私下惶恐不安地问贾诩："您这样处理，我们今后怎么办呢？”贾诩答道：“不如投靠曹公。”张绣为难地说：“袁强曹弱，我们又同曹操结下了冤仇，怎么能去投靠他呢？”贾诩不慌不忙地说出了一番理由：“将军所说的恰好就是我们应当投靠曹公的原因。第一，曹公奉天子以号令天下，名正言顺，从公义出发，我们应当归附他。第二，袁绍强盛，我们以不多的一点兵力去归附他，他肯定不会看重；而曹公还比较弱小，得到我们这支兵力，肯定会感到很高兴。第三，凡有志于建立王霸之业的人，肯定不会斤斤计较个人的恩怨，目的是要以此向天下人表明他胸怀的博大，我看曹公就是这样的人。这件事请将军不必再疑虑。”

张绣见贾诩说得入情入理，便不再说什么。这年十一月，张绣率部到许都投归曹操。曹操果然十分高兴，亲热地拉着张绣的手，为其设宴款待，并立即任命张绣为扬武将军。不仅如此，曹操还让自己的儿子曹均娶了张绣的女儿，两人做了儿女亲家。

曹操这种不计前嫌的做法使张绣内心十分感激，后来每次作战，张绣都表现得异常英勇。官渡之战，他因力战有功，被提升为破羌将军。在南皮参加击破袁谭的战斗后，封邑被增加到两千户。曹操对张绣的信任也是始终如一，给予张绣的封赏总是超过其他将领。当时因战乱连年，户口减耗严重，十户人家里存活下来的不过一两户，因此诸将的封邑没有能够满千户的，而张绣的封邑却多达两千户，大大超过了其他将领。曹操这样做，其实质是为了保住这个“样板”，让他继续发挥作用。

曹操收张绣，纳张鲁，不计私怨，胸襟博大，充分表现了他以长远的目光看问题，重事业不重私仇的政治家风范。对于政敌的攻击和为难，应该采取怎样的办法去处理呢？聪明的政治家能够以博大的胸怀和以德报怨的策略轻易化解它，曹操在这方面就是一个老手。

广陵人陈琳曾为何进主簿，避难冀州，为袁绍所用。当时，曹操亲率大军东征徐州刘备，田丰劝袁绍援助刘备，袁绍以儿子重病为由，延迟出兵，以致刘备遭曹操击溃。刘备只身逃往青州，由袁谭引见投靠袁绍。

刘备向袁绍提供了曹军现状及部署的情报，这更强化了袁绍急于南征曹操的想法。

袁绍下令各军指挥官在黎阳津会合，并视察了前线的战况。在黎阳军事会议后，袁绍便命主簿陈琳起草征讨曹操的檄文。陈琳素有才名，很快便完成了檄文。檄文上扒出曹操的身世、列举曹操忤逆行为、揭露其狼子野心、呼吁对其大加讨伐。

“司空曹操，祖父为中常侍（太监）曹腾，和徐璜等同时在朝中作孽，贪贿无行，专擅宫廷，伤害教化，虐待百姓，其父曹嵩更不知廉耻，拜曹腾为养父，以金钱贿赂买得官位，不顾官道，乱搞权钱政治，盗取政府高官显职，败坏朝廷风气。曹操就是这些赘阉的后代，本来便没有好的本质，所以犹狡阴险，好乱乐祸。

“大将军袁绍，当年统领精军，扫除宦官之祸。后遇董卓专权，侵官暴民，于是提剑起义。就在这个时候，曹操参加了袁将军的阵营，以其善于用兵，可作为爪牙之任。不料曹操谋略短小，轻于进退，因而屡次遭到击败，损失了不少士卒。但袁将军仍补充其部队，并推荐其驻屯东郡领兖州刺史，希望他能发挥武德，为国家多做点事。想不到曹操却利用此资源，跋扈用权，恣行凶忒，残害贤良之士。

“曹操兵败徐州，大本营更被吕布所夺，彷徨于东西战场，连最起码的根据地都没有。袁大将军本强干弱枝之义，不忍心见他众叛亲离，故仍对其伸以援手。袁将军或许并无恩德于兖州百姓，但对曹操而言，可谓仁至义尽了。

“不久，天子蒙尘，袁大将军无法分心他顾，乃派遣从事中郎徐勋协助曹操修缮郊庙，护卫年轻的天子。更不料曹操乘机掌握朝廷，威胁皇帝公卿大臣，卑侮王室，败乱法纪，其所爱者，五族同享光荣；其所恶者，夷灭三族。敢公然讽谏者处死，背后批评者暗杀，如此一来，根本没有人敢对他提出反对，于是曹操更变本加厉，设有盗墓部队，派任官员负责此无耻的行径，致使所过之处，无骸不露。观之历代政治，无道之臣，贪酷残忍，以曹操最为严重。

“袁大将军正全力对付北方叛乱，没有时间整顿内部，所以一再对曹操宽容，希望他能知悔改过。但曹操豺狼野心，潜包祸谋，妄想推倒国家栋梁，孤弱汉室朝廷，除灭忠正之士，专制朝政以为枭雄。

“方今汉室陵迟，纲纪弛绝，朝廷上无辅介之臣，更别谈有能力为皇帝的股肱，以和曹操拼命抗衡了。

“再者，曹操率领禁卫精兵，包围宫廷，名为守卫，其实是以武力挟持皇上，明明就是准备叛逆篡位的行为。

“如今，曹操又假传皇上制命，调遣全国军队。因此袁大将军担心，边远的军团不了解曹操叛逆的事实，出兵响应，误受曹操欺骗，为天下有识之士所耻笑，所以特以此檄文通告于全国。

“即日起，大将军起幽、并、青、冀四州军团共同进军，并以文书会同荆州建忠将军刘表，协同制造声势。全国各州郡军团也请各整编义军，并匡社稷，以建立非常之功。

“能够斩得曹操首级者，封五千户侯，赏钱五千万。曹操的部队裨将校及其官员，若有投诚之行动，既往不咎。广宣恩信，布告天下，希望大家共赴国难，一切行动遵照国家律令，特此声明。”

陈琳的这篇檄文，两分事实，三分渲染，五分曲解。不过由于文情并茂，陈述的事实也都有根据，檄文写好后，就立刻传令到各处关津隘口张贴。

据说，当时曹操因感冒引发宿疾偏头痛，一看到陈琳的檄文便毛骨悚然，惊出了一身冷汗，感冒顿愈，偏头痛也忘掉了，只急着问情报人员这是何人执笔。在得知为陈琳后，曹操反而定下心来，对左右亲侍表示："有文事者，还需以武略济之，陈琳文事虽佳，怎奈袁绍的武略不足以配合。"

官渡大战后，袁氏败，陈琳为曹操所擒，很多人都认为他必死无疑，然而曹操爱其才，不仅没有处罚他，还任命他为帐下谋士。曹操深知陈琳的檄文只是一件工作，在这方面陈琳表现得极有效率，也就是说这是位人才，因此不忍心杀害他。有一天心血来潮，曹操对陈琳说："你的檄文的确写得很好，以袁绍的立场而言，也把我骂得很有力量，只是，你尽管骂我本人，何必把家祖和家父也骂在一起呢？"陈琳赶忙谢罪。

在曹操帐下，陈琳与阮瑀并为司空军谋祭酒，管记室。据载："军国书檄，多琳、瑀之作也。"其后，陈琳担任门下督，为仓官掾属。陈琳后来成为"建安七子"之一，对建安文风的创立和发展做出了很大贡献。

使徒保罗教诲我们说："要做完全人，要受安慰，要同心合意，要彼此和睦。如此，仁爱和平必常与你们同在。"原谅是一种风格，宽容是一种风度，宽恕是一种风范。在日常生活中，宽恕能使一个有错误的人重新获得新生的勇气，使他扬起生命的风帆，勇敢地向人生的光明彼岸进发。

宽容是成就事业的基石，是化解矛盾的最好良药，同时也是利己利人的法宝。历史上以宽容成大事、得天下者不胜枚举。春秋时，赵国名臣蔺相如与名将廉颇"将相和"的故事妇孺皆知；齐桓公不治管仲射杀之罪，委以相位，成就了"九合诸侯，一匡天下"的霸业；唐太宗李世民不记魏徵效忠太子建成谋害之嫌，开恩重用，视为"人镜"，留下千古君臣佳话；武则天朝臣娄师德不忌狄仁杰对己屡有微词之隙，力荐接班，使狄仁杰脱颖而出，成为一代名相。

对你来说，也许宽容是一种理解。理解别人，从中善待自己，站在别人的立场上去思考问题，多多为他人考虑。假如你真的做到了，你一定会有所收获。

对我们来说，也许宽容是一种爱。假如你热爱生活，那就尝试一下从爱你的家人做起，从爱你的工作做起，从爱你的朋友做起。当你把爱当作习惯，你会发现世界原来可以如此美好，生活原来可以如此甜蜜。

对人生来说，也许宽容是一种美德、一份责任。生于斯，长于斯，苦于斯，乐于斯，作为社会的一分子，你有责任让世界变得更加美好，有义务让生活在愉快中行进。

宽容不是放纵，而是坦然，是建立在对事物深度认识的基础上的。把握宽容的度是生活积淀的厚积薄发，是心灵升华的外在表现。

3. 容人所长，学会欣赏他人

海纳百川，有容乃大。欣赏别人是一种豁达风度。

三国中几乎每一个诸侯身边都围绕着一个巨大的谋略班子，即使是力量再弱小的诸侯，也会有一两个忠心耿耿的谋士，这些谋士的出现就像一面面镜子，折射出领袖人物们内心的胸怀大小以及心智高远。

吕布与曹操对决，陈宫多次进言，吕布本打算采纳陈宫的建议，最终却被身边的妻妾三言两语给打消了念头，可见，在吕布的眼中，忠心耿耿的谋士还不如被困于内室的女人，从这一点来看，吕布失败是必然的。

无独有偶，官渡之战时，袁绍的第一个谋臣田丰曾劝阻袁绍“宜静守以待天时，不可妄兴大兵”，却被袁绍押进了监狱。袁绍大败后，后悔不听田丰的话，同时又嫉妒田丰的才能，怕没脸回去见他，于是派人先把田丰杀了。曹操听说此事后，大喜道：“我的大事可成了。”

与袁绍相反，曹操则勇于正视自己的错误，不怕没面子，有错即改，广纳建议，多用贤人，终于使他一步一步走上了人生的巅峰。

后来，曹操西征马超的西凉兵团，遭到骁勇善战的马超的顽强抵抗，贾诩作为这次随军作战的总军师，为曹操出了一个“离间计”，使马超与军中大将韩遂互相猜疑，互不信任，在作战中互相牵制，曹操乘机出兵，大败西凉兵团，关中大势即定，曹操统有凉州。此次西征，贾诩功劳最大。贾诩曾是张绣的第一个谋臣，力劝张绣投靠曹操后，深得曹操的信任，被封为执金吾使，之后成为曹操身边的重要智囊。南下荆襄时，贾诩随军献计，他反对发动“赤壁之战”，认为南征兵团顺利取得荆州地区，已达到战争的目标，没有必要冒险夺取江东地区。他主张撤兵，休养生息，以政治战代替武力战，此主张与曹操的意见发生了很大的冲突。

后来，战况果然如同贾诩预料的那样，赤壁之战曹操大败。战事失败后，曹操认识到贾翊的高明，后悔不听贾翊之言，于是更为信任他，这才有了后来西征的胜利。

吕布、袁绍都不能听从别人的正确意见，或者不能将别人的意见落实，而曹操虽然也犯了同样的错误，但在失败后却能够虚心接受别人的计谋，终究还是得到了不同于吕布、袁绍的结局。所以说，领导人的修养并不是小问题，而是能决定生死存亡的大问题。

在许多问题上，曹操能够顾大局而弃小节，牢牢把握事情发展的大方向，这个大优点将他喜怒形于色、反复无常等小缺点都给掩盖了。而对比之下，袁绍却显得十分愚蠢。无怪乎当曹操听说袁绍未听谋臣之言而败，继而又为掩饰错误而杀之，折了河北的栋梁之材时会大喜道："我的大事可成。"因为在他看来，不容别人所长，知错而不改正，是领导者失败的根本原因。

真正有雄心的智能之士，首先要能容人之长。如果嫉贤妒能，并由此产生嫉恨心理，进而想方设法阻挠别人的发展，甚至千方百计地扼杀别人的前途，那就大错而特错了。

美国汽车大王福特家族的起落沧桑，无不与使用人才有关。福特家族的创始人亨利·福特一世从1889年开始，曾两度尝试创办汽车公司，结果都因缺乏管理企业的才能而失败。失败使老福特聪明了起来，他聘请了一位叫詹姆斯·库兹恩斯的管理专家出任总经理。詹姆斯上任后，实行了三项重大措施：一是进行市场预测，得出结论——只有生产美观、耐用，定价500美元左右的汽车才能打开销路；二是组织设计了世界上第一条汽车装配流水线，把劳动生产率提高了80多倍，大大降低了生产成本；三是建立一个完善的销售网。三条措施的实施，使福特公司在短短几年里一跃登上了世界汽车行业第一霸主的宝座，老福特也由此而获得"汽车大王"的称号。

但在成功和荣誉面前，老福特开始头脑发昏，同时由于担心公司大权旁落，为了保住自己的权力和地位，老福特变得越发独断专行，听不得不同意见，许多人才纷纷离去，连詹姆斯也被排挤了出去。从此，福特公司失去了生机，丧失了开发新产品的能力，在长达19年的时间里，它只向市场提供一种车型，而且都是黑色的。而这段时间的

"堕落"，也给了福特公司的主要对手——通用汽车公司击败它的机会。

1945年，老福特的孙子福特二世继承祖业。福特二世是一个懂管理的人才，为了收拾公司的烂摊子，他聘用了一些杰出的管理人才，比如原通用汽车公司副总经理内斯特·布里奇，担任过美国国防部长的麦克纳马拉，当过世界银行行长的桑顿等。这些人对福特公司进行了一系列改革，使公司重新焕发生机，利润连年上升，并推出了一种外形美观、价格合理、操作方便、适用广泛的"野马"轿车，创下了福特新车首年销售量最高的纪录，把"福特王国"又一次推向了事业的顶峰。

正当这时，亨利·福特二世又走上了他祖父的老路。因自己年事渐高，生怕家族产业出问题，福特二世开始对公司里的杰出人才大加猜忌，布里奇、麦克纳马拉等相继离开福特公司。1968—1978年，福特二世以突然袭击的手段连连解雇了3任很有才华的公司总经理，1978年解雇的正是有杰出管理才能、后来使濒临倒闭的克莱斯勒公司起死回生的艾柯卡。福特二世的"昏招"使整个公司陷入沉闷压抑之中，员工们人心浮动，大量人才外流。福特公司从此无所作为，从原有的市场上节节败退。面对大势已去的败局，福特二世不得不辞掉公司董事长的职务，把整个公司的经营权转让给福特家族外的专家菲利普·卡德威尔，结束了福特家族对福特汽车公司77年的统治。

法国大作家雨果说："世界上最宽阔的东西是海洋，比海洋更宽阔的是天空，比天空更宽阔的是人的心灵。"让我们像大海那样笑纳百川，像高山那样巍巍矗立，摒弃自卑、自负和自满，去正确地欣赏别人吧！

每个人身上都有优点与缺点，爱看别人优点的人比总看到别人缺点的人更快乐，也更受欢迎一些。所以，我们鼓励每个人多去看别人的优点，多去欣赏别人，它在带给别人自信的同时也会愉悦我们自己。

4. 宽以待人，因善得福

正所谓得道多助，失道寡助，要想成就一番大事业，就必须拥有许多人的支持与帮助，而要想得到别人的支持和帮助，就必须以宽容待人的气度得到众人的信服。

关羽在下邳失手后，与前来招降的张辽约法三章："一者，吾与皇叔设誓，共扶汉室，吾今只降汉帝，不降曹操；二者，二嫂处请给皇叔俸禄养赡，一应上下人等，皆不许到门；三者，但知刘皇叔去向，不管千里万里，便当辞去。"关羽说到做到，等张辽转告曹操后，曹操答应了他的请求，关羽这才向曹操投降。

自从关羽"温酒斩华雄"后，曹操便十分赏识关羽。当他得知关羽来降时，十分高兴，亲自到辕门外迎接。关羽下马入拜曹操，曹操慌忙答礼。接着，关羽说道："我是败兵之将，承蒙不杀之恩。"曹操回话说："我一直羡慕你的忠义，今天有幸与你相见，我的愿望终于得到满足了。"关羽随后提及与张辽约法三章的事，曹操一律答应。

来到营中，曹操特意设宴款待关羽。第二天，曹操班师返回许昌，关羽替二位嫂嫂整理车子，并亲自为二位嫂嫂护行。天黑后，曹操在驿馆歇息，故意将关羽与刘备的两位夫人安排在一个房间里住。不料，关羽手持蜡烛，通宵达旦地站在房外，毫无睡意。曹操见关羽如此，对他更加敬重和佩服。到了许昌后，曹操拨了一座府邸给关羽居住。

关羽安顿好后，随曹操朝见了献帝，献帝封他为偏将军。第二天，曹操大摆筵席，文臣武将欢聚一堂。曹操把关羽当作客人招待，让他坐在上席。宴罢，曹操又送了些绫锦、金银器皿等物品给关羽。不仅如此，自从关羽到了许昌后，曹操三天一小宴，五天一大宴，对关羽照顾有加。另外，曹操还送给了关羽10位美女。但关羽毫不动心，只让她们服侍二位嫂嫂。

一天，曹操发现关羽身上的绿锦战袍已经破旧，便赠给他一件合身的战袍。又一天，曹操请关公参加宴席。宴罢，曹操送关羽出府，见关羽马瘦，问其原因，关羽答道："我身体很重，这匹马载不动我，所以它总是这么瘦。"听罢，曹操立即令左右牵来一匹马。只见这匹马"身如火炭，状甚雄伟"，曹操指着它对关羽说："你认识它吗?"关羽说道："这不是吕布所骑的赤兔马吗?"曹操点头，然后将马和鞍辔一并送给了关羽。

关羽重情重义，这是众人皆知的，所以不管曹操如何欣赏他、厚待他，他都不愿意为曹操效力，一得知刘备下落，便义无反顾地去投奔了刘备。此时，曹操手下的众谋士皆让曹操追杀关羽，但曹操还是放过了关羽，这样也为后来曹操兵败赤壁留下了一条后路。如果当时不是关羽顾念着曹操之前对他的照顾而让路，曹操几乎不可能回到北方。

做人首先要有一颗宽容的心，心的容量有多大，人生的成就就有多大。宽容不仅是一种做人的度量和伟大的人格，更是一种社交的艺术。在生活中一帆风顺、事业上功成名就的，绝非胸襟狭窄、小肚鸡肠之人，而多是胸怀坦荡、宽宏大量之人。

这不禁让人想起了西汉时期，刘向所著的《说苑》中记载的一则故事：

楚国国君庄王在位时，楚国发生了叛乱。楚庄王亲自率领军队将叛乱平息。大胜归来之时，楚庄王非常高兴，为了表示庆贺，他于当晚在宫中设宴，邀请各位臣子共享盛餐。

宫中烛光摇曳，歌舞升平，一派欢乐景象。臣子们开怀畅饮，仍感意犹未尽。楚庄王被这样的情境所感染，为了助兴，他让容貌出众的爱妃许姬为各位臣子敬酒，这下，席间变得更加热闹了。许姬绕着酒桌挨个向群臣敬酒，正在这时，一股大风向大厅猛烈吹来，蜡烛全部熄灭，整个大厅陷入一片黑暗之中。这时，一个人突然拉住了许姬的玉臂。许姬非常机智，她默不作声，趁黑扯断了这个人的帽缨。很快，大厅中恢复了光明。许姬来到庄王身边，将此事告诉了他，希望他能严惩这个登徒子。庄王知道后，却并没有发怒，而是向群臣喊道："能够与群臣同乐，我非常高兴。今晚不必行君臣之礼，大家都把帽缨摘下来吧。"听到庄王的吩咐，群臣纷纷摘下帽缨。

宴罢，许姬问庄王为什么要这么做，庄王回答道："今晚我与众臣同乐，臣子开怀畅饮，酒后失礼难以避免。戏弄你的人自然犯下了欺君之罪，如果当众找出此人，必然要治他死罪。如果此人是有功之臣，治其死罪岂不让众将士寒心？若失去了人心，就等于失去了国家。"

后来，楚郑两国交战，楚庄王率军作战。由于郑国早有埋伏，楚庄王被郑军围困，此时，一位副将拼命冲入郑军，将庄王救出。回朝后，庄王欲重赏此人，却被此人辞谢。原来，这位副将便是庆功宴上乘着酒兴戏弄庄王爱妃许姬的人。

庄王之所以能够脱险，就是因为他的宽容之心感动了这位副将；这位副将正是为了表示对庄王的感激之情，才不顾生死将其救出。看来，能够以一颗宽容之心善待他人，终会因善得福。

孟尝君在齐国做相国的时候，府上的食客很多，为了能区别对待，孟尝君将这些食客按照等级分为上等和下等。上等食客食有鱼肉，出有马车；下等食客则以粗食饱腹，出门步行。一次，孟尝君收了一个名叫冯谖的下等门客。冯谖不拘礼节三次弹铗，但却三弹三得。

一天，冯谖在府中靠着门柱边，用手指弹着剑，边弹边唱道："长剑啊，这里食无鱼肉，让我带你回家吧！"孟尝君听说后，满足了他的要求。结果，没过多久，冯谖再次弹剑而歌："长剑啊，这里出门无车马，让我带你回家吧。"其他门客听后，都非常讨厌冯谖，认为他一点儿不知道满足。不久，他又弹剑而歌："长剑啊，我们在此无钱养家，让我带你回家吧。"孟尝君听到后，不但没有讨厌他，还非常关切他，询问管事的人："冯先生有亲人吗？"管事的人回答说："冯先生家里还有一个年迈的母亲。"于是，孟尝君派人给冯谖母亲送去粮食并保证他家不缺少日常用品。

从此，冯谖再也不弹剑而歌了。有一次，孟尝君询问他的食客说："哪个人能够为我到薛地去收债？"冯谖踊跃报名，愿去薛地收债。孟尝君对其他人说："冯谖果然有才能，我真是亏待了他。"

说完便把冯谖叫来吩咐，说："我被政事缠绕得疲乏不堪，被忧虑折磨得心烦意乱，而且生性懦弱愚笨，完全淹没在国家大事之中，得罪了先生，先生不以为耻辱，还有意去替我收债，真是十分感激。"冯谖也表示一定会办好这件事。

于是准备车马、整理行装，装好借地契约就要出发。辞行的时候，冯谖问孟尝君："收完债租后，回来的时候要买点什么东西吗？"孟尝君说："买点我们家里没有的东西吧！"

冯谖到了薛地后，派出官吏召集那些应当交租的百姓，然后当着他们的面，假传孟尝君的命令，烧了他们的借约，并告诉这些百姓，孟尝君有慈善之心，完全免去了你们的地租和欠款。听了冯谖的话后，百姓齐声欢呼万岁，心中充满了对孟尝君的感激。后来，孟尝君失势，一些敌对势力乘机追杀他，孟尝君一时无处藏身，幸亏有得到他好处的薛地佃户相救，才保全了性命。

曹操在诗中说："青青子衿，悠悠我心。但为君故，沉吟至今。"无论在什么时代，人才永远都是最重要的。人才难得，所以很多成功人士对冒犯自己的人才往往会选择以宽容之心对待他们，将其收为己用。这也是他们能成就霸业的关键。

5. 不念旧恶，豁达是你看待这个世界的姿态

一个人贵在能够任人必容，容人之短。很多人很难做到这一点，而曹操身上，最让人钦佩的就是他不计前嫌、不念旧恶、不拘一格地选人用人。曹操从来不会因为身边的人讲一句批评或反对他的话而对此人产生偏见，相反，他会十分重视别人的评价，分析其中的原因。

《三国志》中曾经这样描述曹操的用人之术：曹操用人"官方授材，各因其器；矫情任算，不念旧恶"。由此可见，曹操在用人问题上从来不会掺入自己的个人恩怨，总能克制个人感情，做到唯才是举，量才录用。

曹操在讨伐袁绍之前，曾经到泰山庙里拜访一位高僧。他向高僧询问中原是否有贤人，老和尚以天机不可泄露为由拒绝告诉他。不过，高僧送给他一个锦囊，然后说："你进驻中原以后，如有人出

来，敢提名道姓骂你，你一看这锦囊便知。”曹操带着这个锦囊率领大军向中原进发。军队所到之处鸡犬不留，路断人稀。然而，当他到了许昌，发现这果然是藏龙卧虎之地，于是传令三军，在这里安营扎寨。他把军帐设在北门内一座名叫景福店的庙内。之后，曹仁带着亲兵四下抢夺，弄得百姓惶惶不安。三天后，四个城门上忽然贴出了同一张帖子，上边写着：“曹操到许昌，百姓遭了殃；若弃安抚事，汉朝难安邦。”下边落款是四个大字：“许昌荀彧”。

曹操一见帖子，气得咬牙切齿，正要下令捉荀彧，猛然想起僧人赠囊之事，急忙取出锦囊折看，只见一张白纸上隽秀地写着六行字：“开口就晌午，日落弯月上。十天头上草，或字三撇旁。才过昔子牙，谋深似子房。”曹操左看看，右瞧瞧，翻腾了半天，才解开其中的隐谜，大惊道：“此谜面所说不正是荀彧吗？”曹操大喜，说：“许昌荀彧，原来有子牙、子房之才！我一定要把他请出来。”荀彧是颍川郡颍阴人，因不满朝政，在家过着隐士的生活。他听说曹操智勇双全，又能重用人才，于是想投奔曹操，但又怕传言不实，就写了这张帖子，来试探一番。

曹操立刻派曹仁去请荀彧，荀彧故意闭门不见，被冷落的曹仁愤愤地建议曹操杀了这个狂妄之徒，曹操却训斥曹仁道：“大胆奴才，杀了他等于砍了我的臂膀！”那时正是腊月天，寒风凛冽，滴水成冰，曹操求贤心切，不惜冒着严寒，亲自出马，来到聚奎街荀彧府第，只见大门落锁，等了好久，都不见有人。曹操不顾胡子上结了冰凌，又赶到奎楼街荀彧的另一个府第，管家对他说，主人到郊外打猎去了。曹操两访不遇，并未烦恼，仍耐心求访。

一日，曹操得知荀彧到城东北八柏的祖坟去扫墓，便备下礼，前往凭吊。曹操来到坟前，看见一个青年，二十几岁，姿态风流，仪表堂堂，正在专心致志阅读《孙子兵法》，头也不抬。忽然一阵风起，把书吹落在地。曹操急忙上前捡起，恭恭敬敬递上，施礼说："荀公安康！"荀彧却闭目问道："先生是何人？来此做什么？"曹操说："我是谯郡曹孟德，来请荀公共扶汉室江山。"荀彧冷冷一笑说："我是一个普通百姓，不懂治国大事，先生另请高明吧！"曹操赔笑说："久闻先生胸藏经天纬地之术，腹隐安邦定国之谋，我非先生不请。"荀彧说："不怕我骂你吗？"曹操连连点头，说："骂得有理，多骂才好。"荀彧又推说自己患有腿疾，不能行动，曹操便亲自牵来良马，扶荀彧骑上，前呼后拥，将其迎入景福殿中。自此，荀彧入幕曹营，为曹操出妙计，得天下。

英国杰出的思想家欧文说："宽宏精神是一切事物中最伟大的。"

一次庆功宴会上，一位年轻的士兵不小心将菜汤洒在了一位将军的秃头上，大家看见了，都不敢出声，士兵更是吓得目瞪口呆。

但让人惊讶的是，这位将军竟幽默地对士兵说："年轻人，你以为用这种办法能治好我的秃头吗？"

将军话音一落，全场紧张的气氛即刻松弛了下来。士兵的失误非但没有招来一场狂风暴雨，反而让场内的气氛变得更加和谐轻松。将军的宽容大度不禁使大家肃然起敬。

1754年，弗吉尼亚殖民地议会选举在亚历山大里亚举行，乔治·华盛顿上校作为这里的驻军长官参加了选举活动。选举结果有两个人得票最多，其中一个是乔治·华盛顿推荐的，且大多数人都支持华盛顿推荐的候选人。但有一个叫威廉·宾的人则坚决反对，为此，他还同华盛顿发生了激烈的争吵。争吵中，华盛顿失言说了一句冒犯他的话，威廉·宾闻言一时怒不可遏，一拳把华盛顿打倒在地。

拥护华盛顿的人以及华盛顿的朋友们见状围了上来，高声叫喊着要教训威廉·宾。驻守在亚历山大里亚的华盛顿部下听说自己的司令官被辱，马上带枪冲了过来，一时间剑拔弩张，气氛十分紧张。此时，只要华盛顿一声令下，威廉·宾就会被愤怒的士兵当场打死。然而，华盛顿却很快冷静了下来，他只淡淡地说了一句："这不关你们的事。"就因为这样，事态才没有恶化。

第二天，华盛顿给威廉·宾写了一封短信，要他立即到当地的一家小酒店去。威廉·宾以为华盛顿想约他决斗，便毫不畏惧地拿了一把手枪只身前往。

一路上，威廉·宾都在想如何对付身为上校的华盛顿，但当他到达那家小酒店时却大吃一惊，他见到了华盛顿那张真诚的笑脸和一桌丰盛的酒菜。

"宾先生，"华盛顿热情地说，"犯错误乃是人之常情，纠正错误则是件光荣的事。我相信昨天的我是不对的，你在某种程度上也得到了满足。如果你认为到此可以和解的话，那么请握住我的手，让我们交个朋友吧。"

威廉·宾被华盛顿的宽容感动了，忙把手伸向华盛顿，说："华盛顿先生，也请你原谅我昨天的鲁莽与无礼。"从此，威廉·宾成为了华盛顿坚决的拥护者。

一个人的度量大小，对于他的事业成败至关重要。宽宏大度，才能虚怀若谷，坚定如一地朝着正确的目标前进，进而充分施展自己的才智。

俗话说："宰相肚里能撑船，将军额上能跑马。"历史上，不乏有鼠目寸光、喜怒无常之辈施用雕虫小技取得成功的例子，但他们最终无一例外都如电光石火，转眼即逝。只有那些有度量、有修养的人才能把握全局，冷静举措，走出一步步令人拍案叫绝的好棋，最后成就大业。

第四章

以退为进，为进一丈何妨先退一尺

凶猛的动物在进攻猎物前总是身体先向后撤退，然后再猛扑过去；当我们要越过宽沟高坎时，也总是先向后退几步，再一跃而过。有时，退让就是最好的进取手段，而曹操正是借此底牌，方才捕获更多的“猎物”，从而称霸天下，成为一代枭雄。

1. 能屈能伸，善于适应

清代名士程允升说：“丈夫之志，能屈能伸。”放下架子，该屈就屈，能屈能伸，才能更好地适应现实，更好地生存，以屈为伸者方为真英雄。

公元195年，曹操被汉献帝任命为兖州牧。此时的曹操尚没有自己的地盘，也没有足够的实力，因此只能暂时屈身在兖州。尽管官职不够显赫，但此时的曹操已经在积极筹备起兵，而军队给养及后勤补助方面，还需仰仗张邈的接济。

因此，为了赢得张邈的好感，曹操主动接受他的节制，受他指挥。不久后，曹操就随张邈一起开赴前线，并代行将军之职，检验并积累了自己的统兵才华。

所有想要成就大事的人，都会经历人生的低谷，这时要懂得“屈身”，才能够保全自己，为日后的“伸”积蓄力量。我国历史上最著名的能屈能伸的典故莫过于越王勾践的“卧薪尝胆”。

吴王阖闾打败楚国，成了南方霸主。公元前496年，越王允常死去，勾践即位，吴王因与越国多年积怨，乘丧起兵攻打越国，吴越两国于槜李展开了一场大战。

吴王阖闾满以为可以打赢，没想到却吃了个败仗，自己又中箭受了重伤，再加上上了年纪，回到吴国不久便咽了气。

吴王阖闾死后，儿子夫差即位。阖闾临死时对夫差说：“不要忘记报越国的仇。”夫差记住了这个嘱咐，叫人经常提醒自己。他每次经过宫门，手下的人就会扯开嗓子喊：“夫差！你忘了越王杀你父亲的仇吗?”夫差流着眼泪说：“不，不敢忘。”他叫伍子胥和另一个大臣伯嚭操练兵马，为攻打越国做准备。过了两年，吴王夫差亲自率领大军去打越国。越国有两个很能干的大夫，一个叫文种，另一个叫范蠡。范蠡对勾践说：“吴国练兵快三年了，这回决心报仇，来势凶猛。我们不如守城不出，不要跟他们作战。”

勾践不同意，也发大军去跟吴国人硬拼，越军最终大败，越王勾践带着五千残兵败将逃到会稽，被吴军围困。勾践无计可施，他跟范蠡说："我真是懊悔没有听你的话，弄到这步田地，现在该怎么办？"

范蠡说："咱们赶快去求和吧。"于是，勾践派文种到吴王营里去求和。文种在夫差面前把勾践愿意投降的意思说了一遍，吴王夫差想同意，但伍子胥坚决反对。

文种回去后，打听到吴国的伯嚭是个贪财好色的小人，就私下送了他一批美女和珍宝，请他在夫差面前讲好话。经过伯嚭的一番劝说，吴王夫差不顾伍子胥的反对，答应了越国的求和，但要勾践亲自到吴国去。

经过一番考虑，勾践最终决定把国家大事托付给文种，自己则带着夫人和范蠡去吴国。勾践到了吴国，夫差让他们夫妇俩住在阖闾的坟墓旁边的一间石屋里，叫勾践给他喂马，范蠡则跟着做奴仆的工作。夫差每次坐车出去，勾践都会给他拉马。这样过了三年，夫差认为勾践已真心归顺他，便放了勾践回国。

勾践回到越国后，立志报仇雪耻。他唯恐眼前的安逸消磨了志气，便在吃饭的地方挂上一个苦胆，每逢吃饭的时候，就先尝一尝苦味，还自己问自己："你忘了会稽的耻辱吗？"不仅如此，他还把席子撤去，用柴草当作褥子。这就是后来人传诵的"卧薪尝胆"。

为了使越国富强起来，勾践亲自参加耕种，叫他的夫人自己织布，以鼓励生产。因为越国曾遭遇亡国的灾难，人口大大减少，为此，他制定了奖励生育的政策。他叫文种管理国家大事，叫范蠡训练人马，自己则虚心听从别人的意见，救济贫苦百姓。在勾践的带动下，越国上下的百姓士气高涨，誓要强大自己的国家，打败吴王夫差，为自己的君王报仇雪恨。最终，吴国被越国所灭。

越王勾践能够忍常人之不能忍，低声下气地在吴国做了三年奴隶，最终迎来了人生新的光明，并彻底洗刷了国耻。

但在现实生活中，想要做到“能屈能伸”并没有人们想象的那么轻松，也并不像逆来顺受那样简单。要想真正做到能屈能伸，就要克服一切心理障碍，时刻准备低头，承受委屈、孤独、泪水甚至是侮辱。

很多年前，一个正值妙龄的少女来到东京帝国酒店做服务员。这是她进入社会后的第一份工作，她将从此处迈出踏向社会的第一步，因此非常激动。同时，她也暗下决心，一定要做好自己的第一份工作，争取一个开门红。

第一天去上班，她高高兴兴地去报到，但让她大感意外的是，上司分配给她的第一份工作居然是洗厕所，而且要求也是出奇的严格，要洗得光洁如新。

虽然不情愿，但由于是上司交给自己的第一项任务，所以一开始，她还是去尝试了，并努力劝说自己要学会适应。但当她真正去面对那种恶劣的工作环境以及厕所中的秽物时，她还是无法掩饰内心的厌恶与抵触。她想要放弃，但又不想就这么轻易地认输，也不甘心就这样败下阵来；想继续坚持下去，但看着眼前的一切，她又开始止不住地皱眉。

就在她进退两难时，一位酒店内的前辈来到了她的面前。他什么话也没说，只是随手拿起了抹布，一遍又一遍地擦洗着马桶。她知道前辈是在为自己做示范，便非常耐心地留意着他的一举一动。很快，马桶被擦好了，看上去确实光亮如新，前辈的好心示范与敬业精神打动了她，这时，她也明白了上司并非在故意为难她。

正当她思绪万千时，她又看到了让自己震惊的一幕：那位前辈居然当着她的面从马桶里舀出了一杯水，一饮而尽，而且看不出任何不情愿与勉强的意思。

震惊乃至感动过后，女孩也彻底想通了：自己必须去适应这种工作，而且还要做得更出色，就算今后一辈子洗厕所，也要做一名全日本最出色的洗厕所人。

于是，她开始振奋精神，全身心地投入到洗厕所的工作中。即使没有上级监督，她也始终以前辈做榜样，使工作质量达到甚至超过前辈的水平。而且，她也多次喝下了自己清洗过的马桶里的水，这样做既是为了检验自己的工作质量，也是为了检验自己的自信心。

正是这种对工作的迅速适应以及全身心的投入，让她养成了善于适应、一丝不苟的工作精神，并为她漫长的职业生涯打下了坚实的基础。有了这种工作精神，在今后的道路中，她就可以去勇敢地迎接所有挑战，适应任何恶劣的环境。

几十年的光阴很快就过去了，这位少女成为了日本政府内阁的主要官员——邮政大臣，她的名字叫野田圣子。

野田圣子用自己的行动为“能屈能伸”赋予了伟大的内涵。因为面对一般人都会去抵触的事情，她不仅适应了、做到了，而且做得非常出色。没有人会因为她适应了洗厕所这种工作而去嘲笑她，相反，所有人都会发自内心地对她表示钦佩，并为之喝彩。

日常生活中，能屈能伸者也更容易适应变化的环境，这是一种能力的表现，也是具备较强竞争力的一种外在展示。

2. 掌握好进退妥协的尺度

能进，不失为勇气；而退，则更显示出智慧的一面。其实，退是一种谋略，是一种交换，更是一种维系生存的手段。退能保身，退能成事，退是大勇，更是大智。真正的英雄，能进能退，进退自如，所以不败。只退不进，是懦夫；只进不退，是莽夫。进退得当，才能从容面对成败，潇洒成就人生。

曹操参与镇压颍川的黄巾军后，被任命为济南国相。任职期间，曹操大刀阔斧地进行了多项革新，惩治贪官，捣毁淫祠，在当地获得了良好的口碑，卓著的政绩让曹操的仕途隐隐有了上升之势。

与卓著政绩相对应，曹操的“过激”言行也得罪了一些当朝权贵，并损害了地方豪强的利益，这些人对曹操恨之入骨，都在伺机进行报复。精明的曹操也意识到了这层危险，但他不愿意为了迎合权贵而改变自己的做事原则，同时又担心再继续强势下去，会为自己乃至家人带来灾祸。因此，经过一番深思熟虑，曹操决定辞去济南国相的职务，并请求朝廷让自己回宫中值宿，实际上是想从这个是非位置上急流勇退。

然而，那些朝中权贵却试图将曹操调任东郡太守，这是一个和济南国相同等重要的职位，曹操深知其中利害关系，因此托病拒绝。后来，朝廷又任命他为议郎，但曹操同样托病没有赴任，而是告病回归乡里。

回到家乡后，曹操常常“筑室城外，春夏习读书传，秋冬弋猎，以自娱乐”。就这样，曹操在家中韬光养晦了一年左右，但他时刻不忘关注外部时局的发展。后来，由于黄巾军余众起事不断，朝廷为了镇压起义军，维护统治，成立了一支新军，并设置八名校尉作为统领。当时被选中做校尉统领的有宦官蹇硕、武官袁绍，而正赋闲在家的曹操也是人选之一。曹操得知这一消息后，终于决定不再退隐，立马进京赴任。

何时该进，何时该退，曹操拿捏得非常到位。预知危险后，果断退隐；而当朝廷给出官职砝码达到自己的要求时，又果断出山。对进退之道的精准掌握，在很大程度上成就了曹操。

漫漫人生路，退一步，等一等，不过是歇歇脚，为走得更远做准备，低一低头，更是为了下一步抬得更高而蓄势。

龙虎寺的一群学僧在墙上画了一幅龙争虎斗图，请无德禅师评鉴。

“画得很好，但没有把握好龙与虎的特性。”禅师说道：“龙在攻击之前，头必须向后退缩；虎要上扑时，头必然向下压低。龙颈向后的屈度越大，虎头越贴近地面，它们也就能冲得更快、跳得更高。”学僧们心领神会，其中一位又看了墙上的画一眼，分析说：“我们不仅将龙头画得太向前，虎头也太高了，怪不得总觉得动感不足。”

“为人处世与参禅修道的道理一样。”禅师进一步说道，“退后一步，才能冲得更远；反省一下，才能爬得更高。”

趋利而动，进也；避害而行，退也。趋利避害是进退之道的现实反映，也是人之常情。这一点，在历史上被运用得尤其广泛。

蜀汉建兴六年，诸葛亮出击祁山，打败了曹真之后，并没有乘胜追击，而是急令全军拔寨撤退。

杨仪不明其中原因，前去询问诸葛亮：“今天我军大胜，挫败了魏军锐气，为什么要退兵呢？”诸葛亮解释说：“我军缺少粮草，应当速战速决。现在魏军虽然战败，但实力仍然保存。如果他们以轻骑袭击我粮道，我军不能运粮，那时就无法撤回。因此，我军要趁曹真刚刚战败，不敢轻易出兵之际，出其不意，乘胜退兵。”于是，蜀军诸将收拾本部兵马立即撤退。待曹真得知诸葛亮撤退时，蜀军已撤走两天，就是想追也来不及了。

打得赢就打，打不赢绝不做无谓的纠缠与牺牲，这就是诸葛亮统军的进退之道。这种灵活的作战方式，确实能够在最大限度上消灭敌人，保存自己。

懂取舍，知进退，方能立于不败之地，成就不凡之业。进退之间往往能够彰显人生智慧。怎样进，怎样退，这是一种手段；什么时候该进，什么时候该退，这是一种分寸。进退是一种处世哲学，也是一门做人做事的艺术。无论是在战场上，还是当今的官场上、职场上、商场上、情场上……我们都需要明白进退之道。

然而，现实中很多人却把握不好进退的度，特别是在退让时，他们只知一味妥协退让，而失去了自己的做事原则，因此给自己的事业和人生带来了无法弥补的损失。

王峻涛1999年开始在北京筹划电子商务项目，不久，8848.net开通，王峻涛出任总经理。

随后，融资问题提上日程，风险投资商们蜂拥而至。除了IDG（International Data Group，美国国际数据集团），还有雅虎、软银和其他华尔街投资企业和个人。经过一系列令人眼花缭乱的资本运作，创业者的股份被迅速稀释，IDG成了最大股东。然而，资本游戏并没有就此结束，华尔街投资者的目标非常清楚，就是包装8848到纳斯达克上市。

2000年7月，8848取得了关键的中国证监会的正式批文，据说，8848还在纳斯达克进行了路演，甚至已经取得了股票上市的代码。

但就在这最后关头，董事会内部出现了重大分歧，分歧主要集中在IPO（首次公开募股）的价格上。此时，全球互联网泡沫正在破灭，互联网企业在纳斯达克上的股票从2000年4月起开始下滑，先行上市的网易、新浪的股价已经跌到了摘牌的边缘。这些因素直接影响了8848 IPO的定价，据说只有10美元左右，而当时8848的私募价格已经达到了每股八九美元。风险投资商们认为，如果以10美元每股IPO价格上市，那后来进入的投资者几乎就无利可图，而投资者的股票也就无法迅速套现，这是他们难以接受的。

为此，IDG建议推迟上市，等待纳斯达克回暖。然而人算不如天算，纳斯达克并没有出现意料中的反弹，而是一路狂泻，8848的上市日期就这样一推再推。

既不想流血上市，也不能继续傻等纳斯达克的回暖，不甘心的投资者找到了一根“救命稻草”——B2B。这意味着作为B2C电子商务领军的8848，必须“变脸”，把自己转变成B2B业务的明星。这在公司内部引发了巨大的争吵。

最后，投资人决定“分家”：将8848的B2C业务拆分出来，只留下刚发布的MarketPlace（电子市集）和ASP（应用服务提供商）业务，单独以B2B的概念上市；分拆出来的B2C业务由王峻涛另找投资人买下，自己经营。后来事实证明，这是走向最后崩溃的转折点。

分家后的日子并不好过，王峻涛的B2C业务迟迟找不到资金，引发了原8848投资者的极大不满，王峻涛不得已选择了抽身走人。随后，

B2C管理层开始大量流失，业务迅速萎缩。B2B业务由谭智全面负责，结果也不尽如人意。

2001年9月中旬，8848宣布与电商网合并，但时隔不久，谭智就挂职而去。随后，8848电商数据进入休眠状态，不久清盘，原8848正式宣告消亡。

8848最终落此下场，可以说与王峻涛没有原则的妥协与退让有很大关系，当然，其背后的风险资本也负有不可推卸的责任。

想让自己的利益免遭不必要的损害，就应该把握好进退的尺度。至于何时该进，何时该退，进退的尺度如何把握，我们可以借鉴曹操的策略：缜密思考前进与让步的幅度，做到恰到好处，既不能太过于损害自己的利益，同时也要使对方的利益得到一定的满足，从而达成共识，实现双赢。

知进退之术，可化险为夷；懂进退之道，则终身无祸。

3. 适时退让才能取得更大的成功

我们经常会看到，同样具有雄心和才华的人在社会中奋发，有的人能掀起万丈狂澜，做出惊天动地的伟业；有的人在浪涛中扑腾了几下就沉入海底，成了昙花一现的人物。纵观人类社会的历史长河，阅尽古往今来的风云人物，可以发现，凡是能够并善于做到适时退让者，大多能够顺利踏平人间坎坷，成就一番大业。

建安二十四年（公元219年）冬，在曹操临死前几个月，孙权上书表示愿意归降，并劝曹操称帝。曹操并没有老而昏庸，他以清醒的政治头脑，一眼看穿这是孙权的阴谋，企图让自己激怒天下，陷于孤立，于是“观毕大笑”，说：“这家伙是要把我放在火炉上烤啊！”

侍中陈群等进一步劝说：“殿下德功巍巍，生灵仰望。现在连孙权都称臣归命，此天人之应，异气齐声。殿下宜及早应天顺人，早正大位。”

曹操却很冷静地表示：“施于有政，是以为政。”意思是说，政权本来就在我的手里，为什么一定要那虚名呢？如果真的天命在我，我早就成为周文王了。

“施于有政，是以为政”出自《论语·为政》。曹操引用这句话的意思是：对政治施加影响，也就是参与了政治。只要掌握了政治实权，何必一定要皇帝这个虚名呢？然后明确表示：即使当皇帝的时机已经成熟，自己也不会当皇帝，而要做周文王，就是要像周文王给周武王创造条件那样，让自己的儿子去当皇帝。

从处理事务的步骤来看，退却是进攻的第一步。现实中常会见到这样的事，双方争斗，各不相让，最后小事变为大事，大事转为祸事，这样不仅无法解决问题，还会落个两败俱伤的结果。其实，如果采取较为温和的处理方法，先退一步，使自己处于比较有利有理的谈判地位，待时机成熟，再以退为进，便可成功地达到自己的目的。

兵无地不强，地无兵不险，远与近一旦与对方兵力部署的虚实相结合，矛盾的双方就会向各自相反的方向转化：远而虚者，易行易进，行动快，费时少，则变远为近，容易取胜；近而实者，难行难攻，行动慢，费时多，成了实际的远，且不易获胜。

从曹操的故事中我们能够领悟到什么呢？人生的进攻和退却是一对矛盾，是一对孪生的处世矛盾，纯粹的退却和进攻绝不是人生的全部，从对人生的态度来看，退却有时也是一种进攻的策略。现代社会中，以退为进也不失为一种表现自我的好方法。

一位计算机博士毕业后找工作，但好多家公司都不录用他，于是，他决定不用学位证明就去求职。很快，他就被一家公司录用为程序输入员。不久，老板发现他能看出程序中的错误，非一般的程序输入员可比，这时，他亮出了自己的学士证。过了一段时间，老板发现他远比一般的大学生要高明，这时，他又亮出了硕士证。再过了一段时间，老板觉得他还是与别人不一样，就对他进行了“质询”，此时他才拿出了博士证。终于，他得到了老板的重用。

由此可见，以退为进是一种巧妙的处世策略。有时看似愚蠢可笑的行为，对于一位处世高手来说，其中却隐藏着更大的智慧，有着更加深刻的行为动机。

意大利有家公司，因为专营中国食品，就取了个有中国特色的名字，叫“重庆公司”。有一次，一位叫史坦·费里贝格的广告高手对该公司老板鲍洛奇夸口说：“不管什么商品，只要由我来给你做广告，保证会打开销路。如果失败，我情愿用人力车拉着你在大街上跑一圈，你信不信?”鲍洛奇听了，眼珠一转，立刻心生一计，十分认真地对费里贝格说：“这样吧，现在我正好有一批商品还未销出去，你给我做个广告试试，如果成功了，我也情愿用人力车拉你跑一趟。”当时，鲍洛奇已是腰缠万贯的大富翁，真的会有上街拉车的勇气吗？费里贝格担心他食言，还特意请人作证。

过了不久，费里贝格果真把鲍洛奇的商品推销了出去。他得意扬扬地找到鲍洛奇，想看看对方如何反应。没有想到鲍洛奇毫不犹豫，操起车子就拉着费里贝格在大街上跑，这可真是难得一见的新鲜事，立刻就吸引了大批围观的人群。在众目睽睽之下，鲍洛奇非但不在乎，还频频向人们招手致意，有人甚至怀疑他精神出了毛病。热闹的场面把电视台记者也惊动了，他们赶来拍了录像，并在当晚的黄金时间播出，第二天，当地的报纸又在显著位置加以报道。这么一来，全城差不多人人都知道了“重庆公司”的老板，知道他说话算话。通过这次影响广泛而又不花分文的广告宣传，鲍洛奇公司的存货几乎售空。

中国古代所说的“欲进则退”，是根植于兵家的“迂直说”。现代社会中，两强（或多强）相遇，正面交手，互相拼耗，势必两败俱伤；即便获得了最后的胜利，也会得不偿失，犹如逆水行舟，不进则退。在这种势态之下，人人都专注于争雄，力求在某一方面高人一等。在这种情形下采取硬打硬拼的方式是不明智的，而像曹操那样采取以退为进、由低到高的策略才是一种稳妥的进攻之术。

4. 知进不知退者难有大作为

人往高处走，水往低处流。进是人的本能和愿望。多数人都希望能往上走，受到别人的欣赏和尊重。正是有了这种美好的愿望，人们才会树立远大的理想，乐观向上，开拓进取，无所畏惧，迎难而上。

而相对于进，退也是一种生存智慧。在自然界里，明月不与太阳争辉，才展现出它的恬静与温柔；枯叶蝶退去它华丽的外衣，才逃避了天敌的追捕，得以生存；梅花退出了百花争艳的春天，才显示出它“凌寒独自开”的傲骨；人退出束缚自我的怪圈，生命才会更加多姿多彩。

柳暗花明不是风光，而是一种境界，是路外之路。“进”与“退”的关系，其实是相当微妙的。繁星布满夜空，如果没有太阳的退避，怎会像灿烂的花朵在空中绽放？这是“退”造就了“进”。春季是孕育生命的季节，各种花儿竞相开放，五彩缤纷。可是，没有一朵花儿长盛不衰，它们终会在冬天凋谢，难道是它们的退让结束了它们的辉煌？不是，你看那枝头，它们会在第二年春风吹拂的时候发出绿芽，鲜花怒放，变成一片花的海洋。这是以退为进，进而又退，如此互相扶持，最后烂漫辉煌。

曹操击败张鲁，取得东川以后，谋士们纷纷进言，劝曹操乘胜进兵，直取益州。主簿司马懿说：“刘备以诈力取刘璋，蜀人尚未归心。今主公已得汉中，益州震动，可速进兵攻之，势必瓦解。智者贵于乘时，时不可失也。”谋士刘晔也说：“司马仲达之言是也。若少迟缓，诸葛亮明于治国而为相，关、张等勇冠三军而为将，蜀民既定，据守关隘，不可犯矣。”

按照司马懿和刘晔等人的分析，当时的战略态势似乎对曹操进兵西川十分有利。但曹操却认为，夺取益州的时机并未成熟，他以“士卒远涉劳苦，且宜存恤”为理由，一直“按兵不动”。

曹操作为一个军事统帅，在胜利的情况下能够保持冷静的头脑，及时控制取胜后的激情，做到恰到好处、见好即收，的确难能可贵。

据说曹操当时还借用了刘秀说过的一句话：“人苦不知足，既得陇，复望蜀。”《后汉书·岑彭传》记载，建武八年（公元32年），刘秀手下的大将军岑彭和偏将军吴汉，率军围困西城（今陕西安康县西北）的隗嚣时，刘秀因事要先回洛阳。临行前，他写了一封信给岑彭，信中令他攻克西城以后，须立即南攻四川，“人苦不知足，既平陇，又望蜀。每一发兵，头须为白”。刘秀说这句话的本意是要岑彭乘胜前进，平定陇地后紧接着就进攻盘踞在蜀地的公孙述。而曹操引用这句话却与刘秀的意图完全相反，他反对不顾当时的实际情况得寸进尺，主张缓兵持重。

曹操和刘秀当年的情况比较相似：都是初战获胜，最后的目的又都要夺取蜀地。但二人所处的形势却又截然不同。刘秀是在控制了中国的整个东部地区后，转身向西进军，这就毫无后顾之忧，所以才主张乘胜进兵，一劳永逸。而曹操当时却“怀惧者三”：“前以初破袁绍之众，远行疲惫，跋江河，致有赤壁之败；今以初平张鲁之众，历险阻，越山川，不恤其劳而用之，安能料其必胜乎？”既担心劳师袭蜀，出现赤壁之战时那样相持的不利局面，“使荆州会合东吴，而乘虚北伐，将奈之何”，又担心一旦进军蜀中，会使腹背出现空虚，坐山观虎斗的孙权是断然不会失此良机的，荆州又有关羽领重兵把守，如果这时关羽联合孙权奔袭许都，会使自己非常被动。“且心畏孔明之才，向以博望、新野蕞尔之城，犹能焚我师而挫我锐，况今有西川之地而欲与之抗衡。”还担心蜀中本就易守难攻，现在又有诸葛亮调动指挥，恐怕很难取胜。因此，曹操在西有刘备、南有孙权的战略环境中，不得不瞻前顾后，慎重从事。

曹操通观全局，既考虑到了进兵益州的现实之利，又注意到了长驱直入西川，远离本土的后顾之忧。在错综复杂的三角关系中，他不光只看一点，而是同时兼顾两面。他按兵不动却不撤兵，说明他还在观察形势和慎重考虑是否取蜀。

在正确的时机谢幕，是一切精彩演出的高潮。不能尽快地结束，就不能尽快地开始；不能很好地结束，就不能很好地开始。在生活中，不失时机，急流勇进，固然是英雄本色；然而，审时度势，知难而退，也应该算是伟人之举。曹操平定汉中之后，不被胜利冲昏头脑，力排众议，没有率军急进西川，充分显示了他知难而退的战略眼光，是明智的举动。

元朝末年，当朱元璋的起义军初具规模时，就有人提出让他称王称帝。朱升坚决反对，向朱元璋提出了“高筑墙、广积粮、缓称王”的建议。

当时，主要的几路起义军和较大的诸侯割据势力中，除四川明玉珍、浙东方国珍外，其余的领袖皆已称王、称帝。最早的徐寿辉，在彭莹玉等人的拥立下，于元至正十一年（公元1351年）称帝，国号天完。张士诚于至正十三年（公元1352年）自称诚王，国号大周。到元至正二十年（公元1360年）徐寿辉被部下陈友谅所杀，陈友谅自立为帝，国号大汉。四川明玉珍闻讯，也自立为陇蜀王。

此时只有朱元璋依然十分冷静，他坚定地采纳了“缓称王”的建议，直到元至正二十四年（公元1364年）才称为吴王。至于称帝，那已是元至正二十八年（公元1368年）的事情了。此时，天下局势已明朗，也就是说，朱元璋即便不称帝，也快是事实上的“帝”了。

与其他各路起义军迫不及待地称王的做法相比较，朱元璋的“缓称王”之战略不可谓不高明。“缓称王”的根本目的，在于最大限度地减少自己独立反元的政治色彩，从而最大限度地降低元朝对自己的关注程度，避免或大大减少过早与元军主力和强劲诸侯军队决战的可能。这样一来，朱元璋更能保存实力、积蓄力量，从而求得稳步发展。

在当时天下大乱的情况下，起兵割据并不意味着与中央朝廷势不两立，不共戴天。但一旦冒出个什么王或帝，打出个国号，那就标志着这股力量与中央分庭抗礼了。因此，哪里有什么王或帝，朝廷必定要派大军前去镇压。徐寿辉称帝的第二年，元朝大军就对天完政权发起了大规模进攻。同样的道理，张士诚、刘福通等人，无不为元军围攻。相比之下，尚未称帝的朱元璋一直到大举北伐南征前，都未受到元军主力进攻。而朱元璋正是抓住了这有利契机，加紧扩大地盘，壮大力量，最后终于成为收拾残局的主宰者。

"缓称王"还可以避免刺激个别强大的割据政权。元末，割据势力众多，但最后的"冠军"只能有一个。从这个意义上讲，任何一个割据政权都是皇权路上的竞争者。因此，割据政权除要与朝廷斗争外，相互之间也有"竞争"，这种"竞争"实际上就是血腥的相互残杀。朱元璋的"缓称王"不但使自己避免卷入这种残杀，而且借隶属于小明王的宋政权，一方面可以讨得宋政权的欢心，另一方面也得到了宋政权的庇护，真可谓一箭双雕。

"缓称王"关键在一个"缓"字上，一旦时机成熟，朱元璋就当仁不让了。元至正二十四年（公元1364年），军事形势对朱元璋集团十分有利，北面的宋政权已经名存实亡，即使与朱反目，也不足为虑；东面的张士诚已成为惊弓之鸟，再成不了什么大气候；四川的明玉珍安于现状，没有长远打算，对朱元璋集团构不成大的威胁；而元军在与宋军的决战中大伤元气，且又陷入内战之中，已无力南进。在这样的大好形势下，朱元璋凭借自己强大的军队和广阔的地盘，不失时机地公开表明自己的政治主张，自立为王并最终统一了中国。

进与退紧密联系、互相转化，退中有进，进中有退；进时当思退，退时当思进。该进则进，否则会错失良机；该退一定要退，否则就可能前功尽弃。进有高度，退有分寸，只有处理好进与退的关系，才能在人生的道路上游刃有余，进亦不喜，退亦不忧。这是一种胸怀，也是一种制胜的底牌与谋略。

5. 善隐忍者，方成大业

做人做事要想取得成功，就要视野开阔，不但要了解自我，还要深知他人。做事之前，先要对具体情况有一个充分的了解，这是以退为进的前提，然后趁机采取有利于自己的步骤，胜利的天平就会向你倾斜，从而使棘手问题得到解决。

中国人有一句老话：好事不要占尽，坏事不要做绝。中国古代的辩证法告诉我们，无论做任何事，都需要给自己留下一定的空间。天空广阔，所以便有云雀高飞；海洋浩瀚，所以便有鱼儿畅游；离弦的箭射得再远，总会有无力坠落的一刹那；狂妄的人眼界再高，总会有回天无力的那一刻。处事的谋略告诉我们，让人一尺，有时反而能得到一丈的空间，而寸步不让则有很大可能产生两败俱伤的恶果。

曹操的政治生涯是一个由小到大、由弱到强逐渐成长的过程，这其中经常有身在屋檐下不得不低头的委屈，也会有强龙难压地头蛇的不如意。每当这样的时刻，曹操总能够及时改变自己的策略，采取主动避让的方法，以改变自己的被动局面。

自曹操挟天子以令诸侯以来，他的优势已得到确立。袁绍为了争取主动，摆出盟主的架势，以许县低湿、洛阳残破为由，要求曹操将献帝迁到鄄城，因鄄城离袁绍所据的冀州比较近，便于控制。袁绍还考虑到，鄄城是曹操的地盘，曹操容易答应。可曹操在重大问题上从不让步，断然拒绝了袁绍这一要求，并以献帝的名义写信责备袁绍说："你地大兵多，而专门培植自己的势力，没看见你出师勤王，只看见你同别人互相攻伐。"袁绍无奈，只得上书表白一番。

曹操见袁绍不敢公开抗拒朝廷，便又以献帝的名义任袁绍为太尉，封邺侯。此举实际上是一种试探，太尉虽是"三公"之一，但位在大将军之下。袁绍见曹操任大将军，自己的地位反而不如他，十分不满，大怒道："曹操几次失败，都是我救了他，现在竟然挟天子命令起我来了！"拒不接受任命。

曹操知道自己这时的实力不如袁绍，不愿意在这个时候跟袁绍闹翻，于是决定暂时向他让步，把大将军的头衔让给他，自己则任司空（也是"三公"之一），代理车骑将军（车骑将军仅次于大将军、骠骑将军），以缓和同袁绍的矛盾。但由于袁绍不在许都，曹操仍然总揽着朝政。与此同时，曹操还安排和提升了一些官员，以荀彧为侍中、尚书令，负责朝中具体事务；以程昱为尚书，又以他为东中郎将，领济阴太守，都督兖州事，巩固这一最早根据地；以满宠为许都令、董昭为洛阳令，控制好新旧都城；以夏侯惇、夏侯渊、曹洪、曹仁、乐进、李典、吕虔、于禁、徐晃、典韦等分别为将军、中郎将、校尉、都尉等，牢牢控制住军队。这样一来，曹操在朝廷的地位就大大地巩固了。

曹操的阴阳谋略最大的特点就是讲究实效，不计虚名，小战失利，大战胜利，小战退却，大战进攻，既讲究后发制人，又懂得韬光养晦。

要成功何求小利，斗顽敌机动灵活，这样才能笑到最后。

曹操不乏英雄气概，但他也有退让的时候。他迎献帝都许昌后，并不是万事大吉，他当时还不能“挟天子以令诸侯”，不仅如此，他还因此行为成了众矢之的，与袁绍等人相比，更处于弱势。因此，曹操选择暂时忍让，以便积蓄力量，后发制人。

做事要分清轻重缓急、大小远近，该舍的就得忍痛割爱，该忍的就得从长计议，这样才能实现宏愿，成就大事，创建大业。

无论是创业的征程，还是人生旅途，有时会出现诱人的小利，遇到一些枝节纠缠，抑或遭受暂时的挫折和失败。倘若被微利迷惑，纠缠于细节、琐事，而忘记大目标，或者因为一时的挫折而动摇奔向大目标的信心，则十有八九会失败。想成大业、干大事，就得忍住一时的欲望，或一时一事的干扰，甚至屈辱。要站得高，看得远，不被眼前的小是小非缠住手脚，排除各种干扰，创造条件向着大目标、大事业迈进。

刘邦和项羽在称雄争霸、建功立业的过程中，其实就是在“忍小取大，舍近求远”上见出高低、决出雌雄的。这是一场“忍”功的较量，谁能够“忍小取大”，谁就能得天下，称雄于世；谁若刚愎自用，小肚鸡肠，或只逞“匹夫之勇”，谁就会失去天下，一败涂地。宋代著名大文学家苏东坡在评论楚汉之争时就曾说：“汉高祖刘邦所以能胜，楚霸王项羽所以失败，关键在于能忍不能忍。项羽不能忍，白白浪费自己百战百胜的勇猛；刘邦能忍，养精蓄锐，等待时机，直攻项羽要害，最后夺取胜利。刘项之争，从多方面说明了这一点。刘邦之所以成大业，是他懂得忍人之言，忍个人享乐，忍一时失败，忍个人意气；而项羽气大，什么都难忍难容，不懂得‘小不忍则乱大谋’的道理，大业未成身先亡，可悲可叹！”

楚汉战争之前，高阳人郦食其拜见刘邦，献计献策，一进门看见刘邦坐在床边洗脚，便不高兴地说："假如您要消灭无道暴君，就不应该坐着接见长者。"刘邦听了斥责后，不但没有勃然大怒，反而赶忙起身，整装致歉，请郦食其坐上座，虚心求教，并按郦食其的意见去攻打陈留，将秦积聚的粮食弄到手。刘邦围困宛城时，被困在城里的陈恢溜出来见刘邦，告诉他围城不如对城内的官吏劝降封官，这样化敌为友，就可以放心西进，先入咸阳为王。刘邦采纳了他的意见，使宛城不攻自破。

与刘邦容忍的态度相反，项羽则刚愎自用、自以为是。一个有识之士建议项羽在关中建都以成霸业，项羽不听。那人出来发牢骚："人们说楚人是'沐猴而冠'，果然！"项羽听到这话后，大怒，立即将那人杀掉。楚军进攻咸阳时到了新安，只因投降的秦军有议论，项羽就起了杀心，一夜之间把十多万秦兵全部活埋，一时，其残暴之名传遍天下。他怨恨田荣，因此不封他，而立齐相田都为王，致使田荣反叛。他甚至连身边最忠实的范增也怀疑不用，结果错过了鸿门宴杀刘邦的机会，最后气走范增，成了孤家寡人。

其实刘邦原本不是个好性情的人，在沛县乡里做亭长时，他好酒好色。刘邦率军进了咸阳，将士们纷纷争着去找皇宫的仓库，往自己的腰包里揣金银财宝时，刘邦自己也曾被阿房宫的富丽堂皇和美如天仙的宫女弄得眼花缭乱，有些迈不动步。但在部下樊哙"沛公要打天下还是要当富翁"的提醒下，刘邦立时醒悟，忍住贪图享乐的念头，吩咐将士们封了仓库和宫殿。他带将士们回到灞上的军营里，并约法三章，对百姓秋毫无犯。这为他赢得了民心，使他得到了民众的支持。

而项羽一进咸阳，就杀了秦王子婴，烧了阿房宫，收取了秦宫里的金银财宝，掳取宫娥美女据为己有，并带回关东。相比之下，他怎能不失人心呢？

楚汉战争中，刘邦的实力远不如项羽，当项羽听说刘邦已先入关时，怒火冲天，决心要消灭刘邦的兵力。当时项羽40万兵马驻扎在鸿门，刘邦10万兵马驻扎在灞上，双方只相隔40里。在这种情况下，刘邦却依旧能做到“得时则行，失时则蟠”。他先是请张良陪同自己去见项羽的叔叔项伯，再三表白自己没有反对项羽和称王的意思，并与之结成儿女亲家，请项伯在项羽面前说好话。第二天一清早，他又带着张良、樊哙和一百多个随从，拿着礼物到鸿门去拜见项羽，低声下气地赔礼道歉，化解了项羽的怒气，缓和了与项羽的关系。

表面上看，刘邦忍气吞声，项羽挣足了面子，实际上，刘邦以小忍换来了自己和军队的安全，赢得了发展和壮大的时间。甚至当自己胸部受了重伤时，刘邦也能忍着伤痛，在楚军阵前故意弓着腰，摸摸脚，骂道“贼人射中了我的脚趾”，以麻痹敌人，回到自己大营后，又忍着伤痛巡视军营，以稳定军心。他对不利条件的隐忍，面对暂时失败时的坚韧，既反映了他对敌斗争的谋略，也体现了他巨大的心理承受力。这是成就大业者必备的心理素质。

相比之下，项羽则能伸不能屈，赢得起而输不起，所以连连中计，听到“四面楚歌”就怀疑楚被汉灭，一败涂地，自己先大放悲歌。被刘邦追到乌江时，亭长要用船送他过河，他却认为“天要亡我，我渡过去有什么用”，自动放弃了重整旗鼓、卷土重来的唯一机会，拔剑自刎而死。可惜的是，他到死也没明白，他首先是输在自己手里。

从刘邦与项羽的较量中，我们不难看出善忍与不忍的区别。善忍者心量宽，承受力强；不忍者，心量窄，根本承受不了挫折，这也是导致成功或失败的根本原因所在。所以，聪明的人一定要懂得运用“忍”的功夫来成就自己。

第五章

借力而行，让别人为你做嫁衣

帆船出海，风筝上天，无不是“好风凭借力，送我上青云”。一个人要想干出一番成就，立于不败之地，仅靠单打独斗是行不通的。古今中外，成大事者都善打“借力”牌，他们敢借、能借、会借、善借，最终实现了自己的目标。

1. 借力获利，乱中取胜

面对棘手问题，有些人往往会手忙脚乱、不知所措，或者袖手旁观、落荒而逃，或者盲目行动、惹祸上身。而对于一个谋略家来说，这正是乱中取胜、借力获利的大好时机。

建安二十四年（公元219年），关羽北征襄樊，势如破竹，后来却败走麦城，失守荆州，成为骄纵大意的负面教材。而相对于孙权、吕蒙、陆逊擒服关羽的风光，曹操在整个过程中似乎显得很无能。大将庞德被斩，于禁投降，樊城被围，内有魏延谋反，外有民变掣肘，关羽又一路挺进，吓得曹操一度打算迁都，避开关羽的锋芒。

然而，细看曹操的表现，我们可以发现其一流的智谋和一流的政治操盘，离间计运用娴熟，反离间也运作自如，只占便宜，不吃暗亏，和孙权既联合又斗争，和与战的分寸掌握得恰如其分。

就在曹操有意迁都时，司马懿、蒋济提出异议。他们认为，孙权和刘备结盟，“外亲内疏”，互相提防，关羽得志非孙权所乐见。所以，不如笼络孙权，晓以利害，和孙权结盟。

司马懿和蒋济的看法是对的。刘备占据荆州不还，又夺益州、取汉中，并且称王（汉中王），孙权心里很是不满。先前提议和关羽结为亲家，反遭关羽羞辱，而今关羽大军震动中原，更让孙权没有安全感，于是，十年来孙、刘结盟的态势破局。孙权和曹操打了十年仗，这回决定和曹操联手，对付气焰正盛的关羽。

联合次要的敌人，对付主要的敌人，是合纵连横的基本法则。诸葛亮、鲁肃的高度共识，促成了孙、刘合作。如今，利益冲突又使孙权投向了曹操。孙权一边向曹操递送降书，另一边又出兵袭取荆州，攻打江陵、公安两座城，并要求曹操为他保密。

曹操喜出望外，但并未被喜悦冲昏头脑。曹操何等厉害，他要来个“一石二鸟”之计。他表面上答应孙权保密防谍，暗地里却将军机泄露给了关羽。

提出这项建议的是董昭，董昭在军事会议上力排众议，反对保密，他认为应该让关羽知道孙权的袭击计划。

“关羽获悉吴军的意图后，如果回防，樊城自然解围。让他们两方相斗，我们可以坐收渔翁之利。”董昭说，“更何况，樊城守军不知会有救兵，粮尽援绝，心中惶恐，万一生变，大势不好。”

董昭最后分析：“关羽为人孤傲，自恃江陵、公安二城防务坚固，不会即刻退兵。”

于是，曹操把孙权的书信分别射进了樊城和关羽阵营。果然，樊城守军知道救兵将到，咬紧牙关紧守，关羽攻不下来，而后正如董昭所料，犹豫不决，不知道该不该南返荆州，守护江陵、公安。

关羽不撤，却传来江陵、公安生变，已向孙权投降的消息，关羽只好急急撤军。

曹操后来的谋划，再度展现出了他善于离间的一面。曹操听说关羽撤退，并没有下令追击，反而要求按兵不动。曹操清楚得很，孙权岂会那么轻易上书降服，他这么做，无非是想趁关羽和曹军相持不下时，进击荆州，又担心关羽率军回救，两虎相斗，魏军从中得利，因此恭恭顺顺，要求军事合作。如今关羽败走，魏军反守为攻，擒服关羽大有机会，但隔山观虎斗的一方变成了孙权，对魏不利。

孙权的如意算盘打得虽好，曹操的锦囊妙计却使得更妙，他干脆不理会关羽，把关羽留给孙权，让他们捉对厮杀。

孙权杀了关羽后，不知祸害即将上身，因为刘备为了替关羽报仇雪恨，必定会和曹操联军攻吴。张昭点醒孙权，同时建议把关羽首级转送曹操，让刘备以为是曹操所主使，刘备必然会把矛头指向曹操。

孙权的诡计逃不过司马懿的法眼。曹操接到装有关羽首级的木匣后，为除去这心头大患而心安，而司马懿却指出，这是孙权的移祸之计，破解之策是“将关公首级，刻一香木之躯以配之，葬以大臣之礼”。如此一来，刘备必定南征孙权，曹操只需以逸待劳，落井下石，攻打落败的一方，再徐图发展，摆平幸存的另一方。

原本，关羽的头颅就像个烫手山芋，谁接到谁倒霉。而曹操厚葬关羽，把嫁祸的受害者丢还给孙权，这才有了之后刘备大军伐吴之事。

接下来，渔翁得利的曹操只剩坐山观虎斗的惬意了。

以现实的眼光来看，曹操的做法未免不太厚道，但战争是无情的，所谓兵不厌诈，这些都情有可原。如果联系到实际，我们在借鉴这一谋略的时候，一定要把握好分寸，利己可以，但切记不可损人。你可以借助他人之手解决自己手头的棘手问题，但要争取实现双赢的局面。

历史上，汉高祖刘邦率领大军与匈奴交战，刘邦求胜心切，带领一小股骑兵追击匈奴人，不料中了敌人的埋伏，被困白登山。此时，汉军的后续部队已被匈奴人阻挡在各要关路口，无法前去解围，形势万分危急。

到了第四天，被困汉军的粮草越来越少，刘邦坐立不安，手足无措。谋士陈平灵机一动，想出了一条借匈奴单于夫人阏氏脱身的计谋。刘邦大喜，赶忙派一名使者带着一批珍宝和一幅美女画秘密会见了阏氏，使者奉上珍宝，对阏氏说道："这些珍宝是大汉皇帝送给您的，大汉想要和匈奴和好，特奉上这些珍宝，请您务必收下，在单于面前美言几句。"阏氏无动于衷，使者又献上那幅画，说："大汉皇帝怕单于不答应讲和的条件，准备把中原的头号美女送给他，这是她的画像，请您先过目。"

阏氏接过画像一看，果然是一个貌似天仙的美女，心想：如果单于得到她，还有心思宠爱我吗？于是，当下说道："珍宝我留下了，美女就不用了，我请求单于退兵就是。"

汉军使者走后，阏氏立即去见单于，说："听说汉朝的援军就要到了，到那时我们就会陷入被动，不如现在接受汉朝皇帝的讲和要求，趁机向他们多索取一些财物。”单于经过反复考虑，觉得夫人的话很有道理，于是答应了汉军的讲和。后来，单于得到了一大批珍宝和财物，放走了刘邦君臣。

珍宝和财物并不能打动单于夫人的心，但借用一幅美女图，利用女人善妒的心理，刘邦终于转危为安。这就是善借的威力。

2. 借一种旗号提升影响力

借力有多种途径，而借一种旗号来提升自己的影响力便是其中之一。

曹操刚崛起时，天下各主要势力各有优势，如孙策凭借长江天险固守江东，刘备则凭借“光复汉室”的招牌而感召天下。在这种群雄并起的形势下，要想谋求霸业，必须营造一种自己的优势来号令天下，曹操经过比较权衡，决定以“奉戴天子”，也就是“挟天子以令诸侯”作为自己的政治优势。

据史料记载，曹操刚自领兖州牧，他自己任命的治中从事毛玠即对他说：“今天下分崩，国主迁移，生民废业，饥馑流亡，公家无经岁之储，百姓无安固之志，难以持久。”又说：“夫兵义者胜，守位以财，宜奉天子以令不臣，修耕植，畜军资，如此则霸王之业可成也。”这些话正合曹操之意，于是曹操立即使从事王必到河内太守张杨处“借路”西去长安，张杨不听。当时正好袁绍任命的魏郡太守董昭因得不到袁绍的信任而离开袁绍，意欲经河内去长安，为张杨所留，董昭对张杨说："袁、曹虽为一家，势不久群。曹今虽弱，然实天下之英雄也，当故结之。况今有缘，宜通其上事，并表荐之；若事有成，永为深分。"当时，曹操尚仰赖于袁绍，而董昭竟能看出将来成功者是曹操而不是袁绍，亦可谓是善断大事而识人者。经董昭一点，张杨豁然明白，于是准许曹操的使者经过他的地盘而到长安进事，并表荐曹操。同时，董昭还以曹操的名义写信给长安诸将李傕、郭汜等人，并且到处打点送礼。

投石问路，曹操算是迈开了其雄心大略的第一步。曹操的使者到了长安，李傕、郭汜等以为关东军阀都想自立为天子，现在曹操虽有使者，但未必诚实，便准备把使者扣留，以示拒绝。黄门侍郎钟繇劝傕、汜说："方今英雄并起，各矫命专制，唯曹兖州乃心王室，而逆其忠款，非所以副将来之望也。"李傕、郭汜听从了钟繇的意见，对曹操"厚加答报"。自此开始，曹操便有了使者通皇帝。

所谓"厚加答报"，其中最主要的是指兴平二年（公元195年）十月承认了曹操自领兖州牧的合法性，献帝"拜操为兖州牧"。曹操得到拜授之命，立即写了一份《领兖州牧表》给献帝。文字内容不长，但充分表达了三层意思：首先，是讲自己不会忘却皇恩，对汉室的忠心绝对不会改变，就算是搭上自己的身家性命也在所不惜。其次，是说自己一生征伐没有间断过，但没有哪一次不是为了符合皇帝的意愿而进行的，一直都是把皇上的旨意举到头顶，以此理由把自己的连年用兵的真实企图掩盖过去。最后，结尾不忘说自己愧对皇家厚待，说自己现在受的礼遇和贡献不相称，恐不敢当之类，怕别人讥笑，有点进退两难。

这样的表章，既接受了授命，又出言得体，理所当然地得到了朝廷的赞赏。

为奉迎天子，曹操积极准备，可谓费尽心机。但天有不测风云，正当曹操积极谋划进驻洛阳以迎天子的时候，时局发生了戏剧性变化，本来是董承凭险拒操，但这时曹操却突然收到了董承的“潜召”。史载，韩暹矜功专恣，董承患之，于是“潜召”操，操乃引兵进驻洛阳；进了洛阳，曹操当机立断，趁其他兵众大多在外之机，“因奏韩暹、张杨之罪，暹惧诛，单骑奔杨奉”。这时，张杨、杨奉之兵均在外，韩暹又跑了，洛阳城中兵势最大的就是曹操。曹操深知如何利用天子，更知如何对付反对力量，因此当即依靠暴力夺取了权力。

献帝七月甲子到洛阳，八月癸卯封张杨为大司马、韩暹为大将军、杨奉为骑将军，辛亥曹操自领司隶校尉、录尚书事。前后不到五十天，汉天子便落到了曹操的控制之中。

天子已在曹操的掌握之中，接下来就看如何利用了。

打着天子的旗号，曹操便可以东征西讨，为出兵制造借口，如他讨伐袁术即为一例。

袁术“天性骄肆，尊己陵物，及僭伪号，淫秽兹甚，媵御数百，无不兼罗纨，厌粱肉，自下饥困，莫之简恤”。当时，只有陈国（今淮阳）较富庶，陈属豫州，但与扬州辖境相近。袁术求粮于陈，陈国相骆俊拒绝不给，袁术率兵击陈，杀死陈国王刘宠及相骆俊。对此等灭国大事，朝廷不能置之不理，曹操既挟天子，当然有理由立即征讨。

此外，曹操还以天子名义大封百官，培植个人势力，打造私家集团。他向跟随自己征战多年的一些谋士托以重任，其中最值得重视的是荀彧。

曹操迎帝都许，即以荀彧为侍中，守尚书令，每有军国大事，均与荀彧商量。

曹操不仅重用旧部，也不忘把有功于前的人物安排在重要位置上。如曹操以程昱为尚书，继而拜东中郎将，领济阴太守，都督兖州事。

满宠，字伯宁，山阳昌邑人，曾做高平县令，曹操领兖州牧，辟其为从事。满宠随军征战，颇多功劳，曹操以满宠署西曹属，并任都城许之令。西曹是主管府吏录用的衙门。这样，毛玠在东曹，满宠在西曹，曹操便通过这两个心腹把所有文武大员的除授权力控制在自己手中。许令，即京都之长，官秩虽低，但其重要程度可想而知。

曹操没有忘掉那些帮助过自己的人，如董昭、钟繇等。董昭，字公仁，济阴定陶人，曾为柏人令，袁绍以为魏郡太守，后离开袁绍，在曹操西迎天子与迁帝都许大事中有重大贡献。曹操委以重任，后来迁河南尹，继领冀州牧。

钟繇，字元常，颍川长社人，曾为尚书郎廷尉正、黄门侍郎，说服李傕、郭汜允许曹操通使天子。曹操拜繇御史中丞，迁中尚书仆射，并封东武亭侯。

有了天子这块招牌，曹操可谓是如鱼得水、如虎添翼。政治上，他先发制人，挟天子以令诸侯；外交上，他更是打着“天子”的旗号，“奉辞伐罪”，制造声势。

赤壁之战前夕，在是否立即对孙权用兵的问题上，谋士贾诩曾对曹操说：“明公此前打败了袁氏，现在又夺取了荆州，威名远扬，军势大盛。如果能够利用荆州富饶的条件，奖励吏士，安抚百姓，使之安居乐业，那么不用兴师动众，就可以让孙权前来归服了。”这是一个从长计议的办法，目的是要在荆州站稳脚跟，获取民心，最后再迫使孙权不战而降。但曹操轻而易举地夺取了荆州，眼下兵威正盛，雄心勃勃，恨不得立即就将孙权拿下，哪里听得进贾诩的劝告。再说关中还有马超、韩遂的威胁，后方的巩固也存在问题，他不能安坐荆州，静待孙权前来归附。

因此，在稍事准备之后，曹操就派人给孙权送去了一封信，信上说：“近者奉辞伐罪，旌麾南指，刘琮束手。今治水军八十万众，方与将军会猎于吴。”这实际上是向孙权下的一封战书。

“奉辞伐罪”谓奉天子之命讨伐有罪之人，说得义正词严、理直气壮。战争讲究师出有名，凡事都要有个借口，否则就是非正义的一方，众人枪口必将一齐瞄准他。曹操借天子名义，不仅师出有名，而且在舆论攻势上也胜了一筹。

这封信送到柴桑后，果然产生了不小的威慑效果。孙权将信拿给众人看，竟然有不少人吓得变了脸色，纷纷劝孙权迎降曹操。长史张昭的意见很有代表性，他说：“曹操就像豺狼猛虎一样，假借丞相的名义，挟天子以征四方，什么事都说成是朝廷的命令，今天如果加以抗拒，对我们将会很不利。而且，将军抗拒曹操的条件只不过是长江天险，而现在曹操占据了荆州，将从刘表那里接收过来的水军和上千艘艨艟斗舰沿江摆开，兼有步兵，水陆俱下，而我们的兵力是不能与之相提并论的。依我看，最好的办法还是前去迎接曹操。”

虽然后来曹操赤壁兵败，但从上述内容看，曹操扛的天子这面大旗还是颇有威慑力的。

中国古代有一句俗语，叫“要想打鬼，借助钟馗”。打鬼借助钟馗，确实是一个十分高明的借力手段，因为一方面，鬼是怕钟馗的；另一方面，谁有了钟馗，谁就掌握了打鬼的优势与主动权。

春秋郑庄公在位时，就曾以王师的名义伐宋，引得齐、鲁等大国派兵前来相助。郑庄公的几位继承人也都抓住了“勤王”这面旗帜，其中最有作为的厉公曾挟“勤王”之功以争雄于诸侯，只因寿命所限，功亏一篑。

齐国在管仲的治理下，经济、军事力量都日益壮大，在诸侯中取得了一定的地位。与此同时，周王室已日薄西山，气息奄奄，已没有什么遵从听命的必要。于是，齐国调整其争霸谋略，将“奉天子以令诸侯”调整为“挟天子以令诸侯”。

齐桓公北杏主盟时，遂国没有到会，鲁国也有些不服，齐桓公便率军将遂国灭掉了，鲁国因此感到威胁，于公元前681年冬天同齐在柯地结盟。而鲁与宋又是对头，宋见鲁国与齐国盟好，很是不高兴，宋与齐的关系由此破裂。

公元前680年，齐桓公联合陈、曹伐宋，并请周王室派军相助，周王派王臣单伯来到齐军中，表示对齐桓公的支持。郑国见周王支持齐国，便也加入了对宋国的战争。于是，齐桓公正式打出天子的使命，率诸侯大军伐宋。这是继郑国之后，再次打起“挟天子以令诸侯”的旗号。

齐桓公率兵到达宋国边界，与众臣商议攻宋之策。大夫宁戚说：“主公现挟天子以令诸侯，破宋并不困难。但以臣愚见，以威取胜不如以德服人。臣愿意凭三寸之舌，前去劝宋公求和。”齐桓公同意了这一建议，派宁戚等数人一同前往宋都。

宁戚见到宋公，对其晓以利害说：“现在天子失权，诸侯争斗不断，齐侯恭奉王命，与诸侯结盟，而你们却出尔反尔，天子非常生气，因此派遣王臣率领诸侯来向你们讨罪。如今王师压境，不待交战，我已知胜负了。”宋公向宁戚请教办法，宁戚表示，愿引荐与王师讲和。

在多国军队的压力下，宋国向齐求和。公元前679年春，齐、鲁、宋、卫、陈、郑在卫国的鄄城相会，齐桓公主盟为诸侯长，这时，齐国的霸主地位才真正确立。

挟天子以令诸侯，代天子而行威权，内尊王室，外攘四夷，于列国之中扶助衰弱者、压制强横者，讨伐昏乱不听命者，是齐桓公夺取政治上主动地位的重要王牌。

秦末陈胜、吴广发动农民大起义的时候，也变相采用了这种借力技巧。为了鼓动起义，他们抬出了扶苏和项燕这两块招牌。扶苏本是秦始皇的太子，由于在政见上和父亲相左，被派往北方蒙恬军中。当秦始皇病死沙丘之际，扶苏的小弟胡亥和赵高勾结，发动宫廷政变，假造诏令登基，并将扶苏处死。但宫廷政变纯系上层统治者的阴谋活动，当时一般人不知扶苏真的已死。项燕原本是楚国大将，和士兵关系较好。他早在秦统一前便被秦军所杀，但当时人“或以为死，或以为亡”，说法不一。陈胜找了两个人，让他俩冒充扶苏和项燕，借用他们的名义进行反秦起义和造势，推动了中国历史上第一次农民起义的爆发。

做事情，尤其是做大事情，一定要借助一种招牌，或者说打着一种旗号，而这种招牌和旗号的名声必须是响亮的，表面的威信必须是公认的，这样才能感召众生，得到拥护。

对于“借一种旗号”这一底牌，历来贬多褒少。人们常用的形容词是“拉虎皮，做大旗”，投机钻营，寻找“靠山”，似乎非正人君子之所为。这一观点缺乏公正性。固然，有些人利用这一手段，做了许多伤天害理的事，通过这一手段爬上社会高层，祸国殃民，为非作歹。但这绝不是借力韬略本身的过错，而在于借力的人。这就如同科学既可以被野心家用来作恶，也可以为人类造福一样。

因此，对于现代社会的竞争者来说，要想成就一项事业，就必须正确认识和对待借力这一底牌的力量和作用，正视权威人物，想办法赢得他们的支持，这样可以少走许多弯路。

3. 空手套狼，变敌有为我有

所谓“无中生有”，就是在战争中化敌有为我有，这既需要高超的胆量，也需要有灵活的战术。在战斗中，掠夺敌方资源，以为已用，是补充军力的有效途径。

曹操在山东时，与各地诸侯相比，只能算是一小股军事力量，加之新近起事，没有很充足的物质储备。因此，遇到灾年，军粮就成了大问题。荀彧提出了“重地则掠”的谋略，使得曹操轻松地从黄巾军手中收掠了大量的军事物资，解了燃眉之急。

谋略之法自古以来就是一种实用战术。春秋战国时期，诸侯纷争，天下大乱，人人难以自保，个个希望偷生。但战略的物资就是那么一点点，胜利的利益也只有那么一点点，不可能人人争得。所以，谋略之法其实在某种意义上就是一种掠夺之法，谋略的本质就是掠夺。在复杂的人类社会生物链中，大鱼吃小鱼，小鱼吃虾米，屡见不鲜，而曹操却游刃于这个残酷的竞争游戏之中，在那里找到了生存、壮大、发展、称霸的武器。

当时，曹操攻打徐州，为父报仇不成，回师山东，时逢大旱之年。曹操在鄄城，得知陶谦已死，而刘备已经被任命为徐州牧，十分生气地说：“我仇未报，汝不费半箭之功，坐得徐州！吾率先杀刘备，后戮谦尸，以雪先君之怨！”说罢便传号令，要即日起兵攻打徐州。此时，荀彧入内劝谏曹操说：“昔高祖保关中，光武据河内，皆深根固本以制天下，进足以胜敌，退足以坚守，敌虽有困，终济大血。明公本首事兖州，且河、济乃天下之要地，亦是昔之关中、河内也。今若取徐州，多留兵则不足用，少留兵则吕布乘虚寇之，是无兖州也。若徐州不得，明公安所归乎？今陶谦虽死，已有刘备守之。徐州之民，既已服备，必助备死战。明公弃兖州而取徐州，是弃大而就小，却本而求末，以安而易危矣。愿熟思之。”曹操说：“今岁荒乏粮，军士坐守于此，终非实策。”荀彧说：“不如东略阵地，使军就食汝南、颍川。黄巾余党何仪、黄劭等，劫掠州郡，多有金帛、粮食，此等贼徒，又容易破；破而取其粮，以养三军，朝廷喜，百姓悦，乃顺天之事也。”曹操采纳荀彧建议，决定从敌人手里掠夺资源以为己用，战局终有转机。

每个人做事都不可能具备百分之百的自身条件，在我们身边，有许多可以利用的东西，虽然不为我们所有，但用用也无妨。比如，父辈及朋友的人际关系，他人的成功经验及失败教训等。简单地说，就是要利用一切可利用的资源，这也是古兵法中所说的“重地则掠”的道理。

“重地则掠”出自《孙子兵法》，其曰：“入人之地深，背城邑多者为重地。”“重地吾将继其食。”“国之贫于师者远输，远输则百姓贫。”“善用兵者，役不再籍，粮不三载，取用于国，因粮于敌，故军食可足也。”“故智将务食于敌，食敌一钟，当吾二十钟，萁秆一石，当吾二十石。”意思是说：深入敌国境内作战，从本国运粮不仅不方便，还会使国内百姓贫困。善于用兵的将领，不一定非得从国内征兵、运粮，应获取敌国之兵、取敌国之粮为己所用。

由此可见，要取得战争的胜利，没有长远的战略眼光是不行的，长久的战略意图是军事战争中的最终利益所在，而短时的胜负对于战局的变化并无多大影响。从这个角度来讲，长线胜于短线，眼前利益服从于长远利益。

从无到有，化他有为我有是世界上一切经济活动的根本实质。实际上，当今世界的巨商富贾，他们当初创业时大都两手空空，毫无本钱，多靠借贷起家致富，这也是一种商战中的“以战养战”。当自己的力量十分微弱时，有必要借助他人或他方的力量实现自己发展的意图，借鸡生蛋术就是对这一策略的精辟概括。

宋朝时，山东淄博有一个叫韩生的穷秀才，手无缚鸡之力，又无一技之长，地主老财连地也不肯租给他。于是，他想出了一个养鸡下蛋换钱花的方法来维持生活，但他连买鸡雏的钱都没有，只好同别人商量借鸡养，即别人的鸡由他饲养，下两个蛋，给别人一个，自己留一个。结果一年间，他就由十几只鸡发展到一百多只，又过了一年，发展到三百多只。仅数年时间，韩生便成了当地的富户，从此就有了“借鸡生蛋”一说。

每个人都渴望财富，然而，多数人终其一生都过着并不富裕的生活。他们很渴望掌握通向成功的密码，但始终没有找到。事实上，成功的密码很简单，只是人们习惯了将它复杂化。它就是除自身的努力之外，再加上一个“借”字。懂得了借，财富将不再遥远。

钻石是珠宝之王，若想经营好珠宝生意，就必须经营好钻石。可是，钻石的主要来源地是南非，那里有一个垄断性经营钻石的戴比尔公司，控制了全球八成的钻石，香港进口的钻石大都从那里来。那里的钻石对世界各地采取配给的形式，全世界大概有500张戴比尔的牌照，也就是分配的许可证，没有这种特殊牌照，便不能批购钻石。

其实，南非的钻石矿是南非政府所有，外人岂能染指？那么，香港钻石王郑裕彤是怎样获得戴比尔牌照的呢？他自有一套妙方。他了解到南非的钻石矿虽为国家所有，但钻石加工厂却是民间私营，而且这些加工厂往往都拥有多个戴比尔牌照。买一间钻石加工厂，就有可能拥有多个戴比尔牌照。郑裕彤决心既下，便立即动身前往南非，买下了一家钻石加工厂，这样不仅解决了从南非进口钻石的大难题，同时也使他拥有了自己的钻石加工厂。这种“借鸡生蛋”的谋略，使他一举成为了香港钻石王。

通过上面的例子，我们可以看出，现代经济中，“借”对于一个人的成功有很大的意义。事实上，社会上大多数经商成功者都是靠借来成就自己的。我们来看一看洛维格是如何从银行借到钱的。

美国屈指可数的大富翁洛维格所采用的集资方法是用抵押的方式向银行贷款，但他的抵押方式非常巧妙。当时，运油比运普通货物赚钱，而买货轮又比买油船便宜，所以洛维格便打算从银行申请贷款买一艘大旧货船，把它改装成油轮，从事石油运输。但当他来到美国大通银行申请贷款时，银行的职员问他：“贷款可以，但是，你拿什么证明你将来一定能还清本息？”

洛维格想到，他手中还有一艘破烂不堪但勉强能航行的老式油轮，现在正包租给一家石油公司，用它做抵押，贷款或许还有希望。他试探着说：“我手里有一艘油轮，现在租给了一家石油公司，每月的租金刚好可以还上我每月应还贷款的本息数目，所以，我想把这艘船过到银行名下，作为这笔贷款的抵押品。银行可以直接从石油公司收取租金，直到贷款本息还清了，我再把船开走。”

由于洛维格思路很新，善于借用石油公司的信誉，因此虽然洛维格是单独一个人，没有足够的信用，但那家石油公司的牌子很响，信用极好，按月付油船租金根本不是问题。

洛维格这一招的确很灵，他借着石油公司的信用，提高了自己贷款的可信度，终于从银行贷到了第一笔资金。这个案例告诉我们，银行实际上也是一个企业，有利可图的事情当然不会放过，但银行一般不直接参与做生意的过程，即它不对某个企业投资，但它可以提供本金，所以信用对银行来说是极其重要的。许多刚开始创业的人觉得，从银行贷款太艰难了，不仅手续烦琐，更重要的是创业之初，资本严重不足的时候很多，没有足够的财产做抵押，无法从银行贷更多的钱。与银行打交道，最重要的是取得信任，让它有安全感，觉得把钱贷给你将来还可以收回。

生意场上的成功，有时需要巧妙借用他人的金钱来干一番自己的事业。借他人的“钱袋”发自己的财，需要胆识、智慧，更需要技巧。能做到借别人的钱成就自己的事业，成功和财富将唾手可得。

4. 借人之手，为我解忧

如果有些问题自己不能或不便解决，便可考虑把皮球踢出去，借助他人之手为自己解忧。这是“借术”最常见的情况。

汉语有许多词是十分生动而形象的，仅以“杀人”为例，就有“杀人不见血”“借刀杀人”等说法，而这个“杀人不见血”既有一种恐怖阴险的意味，又给人一种深不可测的神秘感。以曹操的一生来说，其杀人不计其数，但杀人的方法却各不相同，广为流传的几个故事都集中地表现了曹操杀人的阴险毒辣及高深莫测。例如，他不动声色杀警卫，将错就错杀伯奢，无字密信杀荀彧，借刀杀祢衡等。曹操杀人的原因不同，计谋也不同，目的更不同，在杀人这个问题上，集中体现了他阴险的一面。

当年，曹操招安张绣之后，采纳贾诩的建议，打算找一位有文名的人去招安刘表。孔融荐出祢衡，谁知祢衡恃才自傲，将曹操的手下贬损了一番。当时张辽在一旁，抽剑要杀祢衡，曹操制止说："我正缺少一个鼓吏，早晚朝贺享宴，可令你担任这个职责。"祢衡不推辞，应声而去。张辽说："此人出言不逊，为何不杀了他？"曹操说："此人素有虚名，远近皆知，今天杀了他，天下人必然说我不能容人。他自以为有能耐，所以令他为鼓吏来羞辱他。"

第二天，曹操大宴宾客，令鼓吏击鼓。祢衡一身旧衣而入，击《渔阳三挝》，音节殊妙，深沉辽远，如金石之声。座上人听着，莫不慷慨流涕。左右人喝道："为何不更衣？"祢衡当着他们的面脱下旧衣服，裸体而立，赤身尽露，客人皆掩面。祢衡慢慢穿上裤子，脸色不变。曹操叱道："庙堂之上，为何这般无礼？"祢衡说："欺君罔上才叫无礼。我露父母之形，以显清白之体而已。"曹操说："你清白，那谁污浊呢？"祢衡道："你不识贤愚，眼浊；不读诗书，口浊；不纳忠言，耳浊；不通古今，身浊；不容诸侯，腹浊；常怀篡逆之意，心浊。我是天下名士，你把我用作鼓吏，这像阳货轻贱孔子。"曹操指着祢衡说："令你去荆州做说客，如果刘表来降，就封你做公卿。"祢衡不肯去，曹操便命备三匹马，令二人挟持着他而去，并教文武官员在东门外为之置酒送行。

荀彧告诉大家："如果祢衡来，诸位都不要起身。"祢衡到，下马入见，众人皆端坐。祢衡放声大哭，荀彧问："为什么哭？"祢衡说："走在死柩之中，怎能不哭？"众人皆说："我们是死尸，你就是无头的狂鬼。"祢衡说："我是汉朝的臣子，不做曹操之党羽，怎么没有脑袋？"众人要杀祢衡，荀彧急忙制止，说："他不过是鼠雀之辈，用不着玷污我们的刀。"祢衡说："我是鼠雀，可还有性，而你们只能叫作寄生虫。"众人恨恨而散。

祢衡到荆州，见刘表之后，表面上颂扬刘表的功德，可实际上尽是讥讽。刘表不高兴，叫他去见黄祖。有人问刘表："祢衡戏谑主公，为何不杀了他？"刘表说："祢衡多次羞辱曹操，曹操不杀他，是因为怕因此失去名望。曹操让他当说使到我这里来，是要借我的手杀他，使我蒙受害贤的恶名。我如今让他去见黄祖，让曹操知道我刘表有见识。"众人皆说好。

祢衡至黄祖处，两人一同饮酒，都醉了。黄祖问祢衡："你许都有什么人物？"祢衡说："大儿孔融，小儿杨修。除此二人，别无人物。"黄祖说："我像什么呢？"祢衡说："你像庙中的神，虽然受祭祀，遗憾的是不灵验！"黄祖大怒，说："你把我比成是土木制作的偶像了！"于是杀了祢衡，祢衡至死骂不绝口。曹操得知祢衡受害，笑着说："这个以舌为剑的腐儒，自己遭到报应了！"

曹操借刘表、黄祖之手把自己的心头之患处理得干干净净，并且没有给自己带来任何污点和不便，这一招实在高明。

懂得太极的人都知道，在太极的图案中，阴阳两鱼相互依存，相互变化，彼此相生，它暗示着阴阳谋略的变化是你中有我、我中有你，所以高明的谋略家从来不会把自己的意图暴露在别人面前。

春秋末期，齐简公派国书为大将，兴兵伐鲁。鲁国实力不敌齐国，形势危急。孔子的弟子子贡分析形势，认为唯吴国可与齐国抗衡，可借吴国兵力挫败齐国军队。于是子贡游说齐相田常。田常当时蓄谋篡位，急欲铲除异己。子贡以“忧在外者攻其弱，忧在内者攻其强”的道理，劝他莫让异己在攻弱鲁中轻易主动，扩大势力，而应攻打吴国，借强国之手铲除异己。田常心动，但齐国已作好攻鲁的部署，转而攻吴怕师出无名。子贡说：“这事好办，我马上去劝说吴国救鲁伐齐，这不就有了攻吴的理由了吗?”田常高兴地同意了。子贡赶到吴国，对吴王夫差说：“如果齐国攻下鲁国，势力强大，必将伐吴。大王不如先下手为强，联鲁攻齐，吴国不就可抗衡强晋，成就霸业了吗?”子贡马不停蹄，又说服赵国，派兵随吴伐齐，解决了吴王的后顾之忧。子贡游说三国，达到了预期目标，他又想到吴国战胜齐国之后，定会要挟鲁国，鲁国不能真正解危。于是，他偷偷跑到晋国，向晋定公陈述利害关系：吴国伏鲁成功，必定转而攻晋，争霸中原，劝晋国加紧备战，以防吴国进犯。

公元前484年，吴王夫差亲自挂帅，率十万精兵及三千越兵攻打齐国，鲁国立即派兵助战。齐军中吴军诱敌之计，陷于重围，齐师大败，主帅及几员大将死于乱军之中，齐国只得请罪求和。夫差大获全胜之后，骄狂自傲，立即移师攻打晋国。晋国因早有准备，击退了吴军。子贡充分利用齐、吴、越、晋四国的矛盾，巧妙周旋，借吴国之刀，击败齐国；又借晋国之“刀”，灭了吴国的威风。鲁国损失微小，却能从危难中得以解脱。

世界上没有解决不了的问题，只有不够聪明的头脑。或许你手中烫手的山芋就是别人眼中的香饽饽，换个角度思考问题，借别人之力，你就会发现，事情并没有你想象的那么棘手难解。

5. 借别人的“光”照亮自己的路

有时，完全凭我们一己之力，很难做出成绩，甚至根本没有机会去实现自己的想法，而别人的引荐或一句赞美之言就能帮我们照亮前进的路，让成功来得更快。

少年曹操因为顽劣异常，不治学业，因而“世人未之奇也”，没有太多人看好他，大家都认为这小子是曹家新上市的“垃圾股”。但也有一些人认为这样一个聪明异常的孩子一旦上道，将会是一支前途远大的“潜力股”，持这种观点的有两人：一个是当时有侠名的党锢中人何颙，估计他是看中了少年曹操身上那股不羁的气质；另一个则是东汉末年的名士桥玄（也有人称作乔玄），此人就是《三国演义》中大乔、小乔的父亲，也就是孙策、周瑜的岳丈乔国老的原型。青年时代籍籍无名的曹操曾经拜望过这位老前辈。交谈过后，桥玄对眼前的这位年轻人颇为赞赏，对他说：“天下即将大乱，今后能够让人民重归安乐的人，非你曹孟德莫属。”得到有“知人”之名的桥玄的称赞，曹操顿时身价倍增。而桥玄对青年曹操的帮助，也并不仅仅限于“背书”一途，他将这个被自己视为未来大汉栋梁之材的人进行了一番精美包装，并隆重推荐给了朝廷。

桥玄推荐曹操去见了一个人，一个在当时以品评人物而知名于天下的人——许劭，他同从兄许靖主持了一档在当时影响极大的“节目”，叫“月旦评”，即在每个月对当时朝廷内外的人物进行品评，而“月旦评”的意见常能上达天听，被当政者采纳。桥玄的目的就在于希望以许劭的点评为曹操铺就一条通往政坛的“高速公路”。

于是，踌躇满志的曹操沐浴熏香，备上厚礼，拿着桥大人的推荐信，兴冲冲地前去拜望鼎鼎大名的许劭。不料，这许先生不知出于什么原因，就是不愿给桥大人面子，曹操在许府一而再、再而三地吃闭门羹。正在弱冠之年、血气方刚的曹操恼火非常，不禁又使出了他原本就擅长的“非常手段”，找个机会抓住了惜字如金的许先生，硬是逼他说了一句评语，而此语一出，却让两个人全都名声大噪。这句考语的原话是“清平之奸贼，乱世之英雄”，而让许劭名垂后世的却是原话的“改编版”——“治世之能臣，乱世之奸雄”。

我们今天已经很难分析在曹操流氓手段的威逼下，他得到的这句点评有多少是出自许劭的真心，但有一点可以确定，原本十年“玩闹”无人问的曹操，靠着这句评语名闻天下。有了桥玄、许劭这样“舆论领袖”的引导，一些原本“唱衰”曹操的人也加入到了为曹操摇旗呐喊的队伍。

借贵人的“光”，可以为自己照亮前进的方向。很多人相信“爱拼才会赢”，但有些人拼尽全力也没赢，这大约是因为缺少贵人相助。在某个关键时刻，若能有个贵人推你一把，也许就能使你“鲤鱼跃龙门”。

推荐诸葛亮给刘备的第一个人是司马徽。司马徽的身份是“隐士”，没点儿学问能当隐士吗？司马徽的话，刘备完全相信。

徐庶深得刘备信任，水平很高。他说诸葛亮比自己强百倍，徐庶的话，刘备也相信。

石广元、孟公威高谈阔论，使刘备折服，知道二人身份后，他想起了司马徽说的话“亮自比管仲、乐毅，石、孟只够当刺史”，更想见诸葛亮了。

诸葛均、黄承彦朗诵诸葛亮的诗词，好像也在向刘备推荐诸葛亮。

《三国演义》中，似乎这些名士只起到了一个作用——推荐诸葛亮，就像是诸葛亮有意安排的似的！

诸葛亮未出茅庐时，自比“管仲、乐毅”。管仲辅佐齐桓公“一匡天下，九合诸侯”，谁人能及？乐毅率燕军伐齐，连下七十余城，哪个能比？这个读书种田的青年人，自认为能比，当时很多人都嘲笑他。

诸葛亮虽然有才学，但政治履历空白，空有大志，谁能证明你有本事呢？既然自视大贤，不能毛遂自荐，世道混乱，又不能通过考试显示才能，该怎么办呢？

诸葛亮化主动为被动，采用“名人推荐法”。当时他在荆州很有名气，一些有知人之明的贤能人士慧眼识才，对他印象颇佳。他社交工作做得很到位，人脉很广，声名远扬，因此他不急，他知道有一天会有明主来访求自己。

虽然他没有有意让众人推荐自己，但刘备还是知道了他的存在。三顾茅庐后，诸葛亮随刘备出山，成功地走上了建功立业的舞台。

在攀登事业高峰的过程中，贵人相助往往是不可缺少的关键环节。这不仅能缩短你走向成功的时间，还能加大你的筹码。

李鸿章早年屡试不第，“书剑飘零旧酒徒”，为此，他一度郁闷失意。然而，1858年，他却受到了命运之神的眷顾，从一个潦倒的失意客一跃而成为湘系首脑曾国藩的幕宾，从此，他的宦海生涯翻开了新的一页。李鸿章拜访曾国藩，牵线搭桥的是其兄李瀚章，李瀚章是曾国藩的心腹，当时随曾国藩在安徽围剿太平军。因为这层关系，曾国藩把李鸿章留在了幕府，“初掌书记，继司批稿奏稿”。李鸿章素有才气，善于掌管行文，批阅公文，起草书牍、奏折甚为得体，深受曾国藩的赏识。

有一次，曾国藩想要弹劾安徽巡抚翁同书，因为他在处理江北练首苗沛霖事件中决定不当，后来定远失守时又弃城逃跑，未尽到封疆大吏守土之责。曾国藩愤而弹劾，指示一个幕僚拟稿，但总是拟不好，自己亲自拟稿也还是拟不妥当，觉得无法说服皇帝。因为翁同书的父亲翁心存是皇帝的老师，弟弟是状元翁同龢。翁氏一家在皇帝面前正是"圣眷"正隆的时候，而且翁门弟子布满朝野。怎样措辞才能让皇帝下决心破除情面、依法严办，又能使朝中大臣无法利用皇帝对翁氏的好感来说情呢？曾国藩为此大费踌躇。

最后，这个稿子由李鸿章来拟。奏稿写完后，不但文意极其周密，而且有一段刚正的警句，说："臣职分在，例应纠参，不敢因翁同书之门第鼎盛，瞻顾迁就。"这一写，不但皇帝无法徇情，朝中大臣也无法袒护了。曾国藩不禁击节赞赏，就此入奏。收到弹劾后，朝廷将翁同书革职，发配新疆。通过这件事，曾国藩更觉李鸿章此才可用。

当然，如果一个人一无所长，是很难得到贵人赏识的。即使侥幸获得高位，也肯定有一堆人等着看笑话。而且，贵人也会比较谨慎，选择一个"扶不起的阿斗"，那不是往自己脸上抹黑吗？"相马相出一个癞蛤蟆"，那可是天大的讽刺。"伯乐相马"，同时"良禽择木而栖"，所以双方最好各取所需，以诚相待，投桃报李。

月亮本身不发光，却能借太阳之光，使自己明亮起来。对于缺乏成功条件的人，有时也必须借别人之光，帮助自己超越平凡。

第六章

控制局面，学会迂回前进

开疆辟土争天下，仗是一定要打的，只是打仗不一定非要硬碰硬。要战胜对手，架高、分化、反间、借势等都是关键性因素。将这些策略运用自如，可以从根本上瓦解敌对者的斗志，削弱敌对者的力量，达到不战而胜的目的。

1. 化整为零，逐个击破赢全局

任何强大的事物都有自身的弱点，与其进行吃力的整体对抗，不如逐个击破。

在三国时期，谁占领了中原，谁就占领了天下的八分江山。所以，对于中原地区的角逐一直都存在，并且从未停止过。包括曹操在内的那些英雄，每个人都希望自己能够开辟出一个新的世界。

在众多势力之中，最不服输的就是袁绍，而最有韧性的则是曹操。袁绍在战败后，采用了谋士策略，派刘备去攻曹操的根据地许都，迫使曹操不得不回兵救援。两军相遇，战局最初对曹操很不利，为了扭转局势，曹操及时采取分而攻之的策略，以粮草为诱饵，迫使刘备不得不把几员大将分派出去，间接地削弱了他的战斗力，造成刘备大营兵力空虚。

这只是曹操谋略的第一步。随后，曹操又对刘备派出的每队人马施加压力，迫使刘备不得不继续派兵增援，最后分解了刘备的整体军事实力。刘备在中心空虚后，面对曹军的压力不得不逃跑，随即又中了曹操的埋伏。就这样，由关羽、张飞、赵云组成的一股强大的军事力量，在曹操的计谋下变得不堪一击，整体溃败。

阴阳学说指出，事物的变化总是由量变逐渐过渡到质变，阴阳谋略的着眼点之一就是通过阴阳双方的力量对比逐渐达到对全局的控制，一举把握天下大局。长期以来，曹操通过不断的努力改变着敌我双方的力量对比，靠的就是阴阳谋略的这一原则。

面对强大的对手，一举歼灭不是易事，此时如果采取化整为零的策略，分化对手的力量，然后各个击破，则要容易得多。在曹操迈向成功的道路上，对手又何尝不是被他一口一口地蚕食掉的呢？

1928年7月6日，蒋介石、冯玉祥、阎锡山、李宗仁在北京开会，到西山碧云寺孙中山灵前举行“北伐完成报告祭”。8月9日，蒋又派特使到奉天，劝张学良把五色旗换成青天白日旗。至此，蒋宣布中国“统一告成”。

其实，蒋介石统一中国，只是各军阀间表面上暂时的“联合”。实际上，当时蒋介石的南京政府能控制的地区只有东南五省。全国数十个国民党新军阀拥兵自重，各霸一方，根本不听蒋介石的号令。这其中四个势力最大的新军阀是：占据鲁、豫、陕、甘一线广大地区的冯玉祥；控制山西省和平津地区的阎锡山；占有广西、湖南、湖北三省和华北一些地区的李宗仁；统治着东北四省的张学良。

1929年1月1日，蒋介石在南京召开“编遣会议”，决定将现有的84个军，计272个师，裁减为65个师60万人。这次会议，蒋大谈“裁军”“统编”“集中”“奉还大政”“归命中央”，实际上是想用和平手段夺取各个军阀的军权，企图一举收拾蒋系以外的军阀实力派。

冯玉祥、阎锡山、李宗仁等“新军阀”都出席了这次会议。这些靠兵起家的“统帅”们，都懂得“有兵才有一切”的道理，因此对蒋介石的所谓“裁军”“统编”都冷眼相看，不予支持。

蒋介石看到用和平的手段不可能收服各路“诸侯”，便决心利用各军阀之间的矛盾，用武力各个击破，实现“统一”。

他首先把矛头对准了桂系军阀李宗仁，因为李宗仁当时占据武汉，对蒋氏政权南京政府的生存威胁最直接。

1929年2月下旬，蒋军开始压迫武汉桂军。李宗仁慌忙化装逃出南京，潜往上海。3月21日，蒋介石宣布开除李宗仁的党籍，下令讨伐桂系，蒋桂战争爆发。由于交通断绝，李宗仁不能及时赶到武汉。面对蒋系刘峙的10万大军，桂系军心动摇。蒋介石不失时机，派人前往武汉策反。不久，武汉桂系黄陂前线指挥官李明瑞宣布“服从中央”，回师讨伐武汉。前军李明瑞倒戈，使武汉守将夏威等人十分惊慌，他们在匆忙中做出决定：放弃武汉，向西退却。蒋介石眼看形势有利，便亲赴武汉坐镇，命令军队追击。夏威等人见大势已去，不得已通电下野，余部都被蒋军缴械收编。与此同时，蒋介石又派人带着巨款赴河北策反桂系将领，果然也找到了反叛者。桂系河北守将白崇禧逃回了广西，蒋介石乘胜追击，派大军进剿广西。5月中旬，桂系兵败，李宗仁、白崇禧逃往香港，蒋桂战争以蒋介石大获全胜而告终。

当蒋介石把枪口对准李宗仁的时候，为了稳住冯玉祥和阎锡山，蒋拉拢冯、阎对武汉起兵。冯、阎虽未出兵，却通电“服从中央”，其实是想坐山观虎斗。可是，李宗仁惨败后，蒋介石就立即把枪口调转过来，第二个指向便是冯玉祥。

在对付冯玉祥时，蒋介石使用的还是老办法：先拉拢阎锡山，使之保持“中立”；又用离间收买桂系将领的同样手法，策反冯玉祥的部将。5月22日，冯军部将韩复榘、石友三通电“服从中央”。蒋介石立即下令讨伐冯军，像对付李宗仁一样，开除冯玉祥的党籍，并发出“通缉令”，缉拿冯玉祥。冯玉祥勉强挣扎，率军自卫，然而终因四面受敌，加之军心涣散，无法继续抵抗，只好通电“下野”。

冯玉祥兵败后，前去投靠阎锡山。阎锡山见冯玉祥来投靠自己，以为冯军也归附了自己，感到自己的力量增大，不由得有些扬扬自得。此时，在阎的脑海中出现了一个宏伟的计划：用冯军打头阵去对付蒋介石，夺取国民政府第一把交椅。于是，9月17日，阎锡山夜会冯玉祥，约定西北军先进攻蒋军，晋军随后接应。冯欣然应诺，遂命令西北军孙良诚、宋哲元立即率军出潼关讨蒋。

从上海滩交易所熏陶出来的政客蒋介石，对阎、冯的上述活动了如指掌。为了战胜阎、冯，蒋采取的依然是又打又拉的手法，他突然任命阎锡山为陆海空军副司令。阎吃了块肥肉，便违背了与冯玉祥的“合约”，在西北军反蒋时，阎命令晋军坐山观虎斗。结果在力量单薄又无援兵的情况下，西北军全部溃败，冯玉祥十分生气而又无可奈何。

蒋介石连胜李、冯二军之后，实现独裁统治的决心愈加坚定。因此在收拾了西北军之后，他气焰万丈，枪口一转，又对准了阎锡山的晋军。

此时的阎锡山才彻底明白过来，蒋介石为了实现独裁统治，对他们这些“统帅”一个也不会放过。阎感到非常恼火，大叫：“居然逼到我的头上来了！”1930年2月28日，阎锡山到五台建安村亲自接冯玉祥到太原，联合召开军事会议，决心全力倒蒋。阎锡山自封为“中华民国陆海空军总司令”，封冯玉祥、李宗仁为副司令。4月1日，他们三人同时宣布就职，通电讨蒋。蒋介石似早有准备，他宣布永远开除阎锡山党籍，并立即下令讨阎。一场中国现代历史上规模最大的军阀混战在中原大地展开了。

中原大战，东起山东，西到襄樊，南及长沙，北至河北，双方动员了100多万军队互相厮杀，数千里的战线上，炮声隆隆，刀光闪闪。战争初期，阎、冯、李联合作战，占有明显优势。晋军、西北军连克济南、商丘，逼近徐州、蚌埠；桂军也攻克长沙、岳州。然而，蒋介石充分发挥了他的优势：可以“挟天子以令诸侯”，以中央名义封官许愿，策反阎、冯、李的部属；有英美帝国主义和江浙财团的经济支持，可以用金钱收买阎、冯、李的叛将。很快，在阎、冯军的内部就出现了一些叛将。由于这些叛将的倒戈，战争进入了僵持状态，双方都在寻找击败对方的突破口。

这个时候，东北的张学良便显得举足轻重起来。此前，张一直按兵不动。可以说，在蒋与阎、冯、李军事对峙处于僵持状态下，张的向背决定着交战双方的胜败，因此，双方都在极力拉拢张学良。阎锡山委任张学良为陆海空军副司令，蒋介石则以中央政府的名义，不仅任命张学良为陆海空军副司令，并许他以河北、山西、山东部分地盘，贿以3000万元巨款。经过长时间的思考，张学良突然于1930年9月18日通电“拥护中央”，进兵关内，进而占领平津。

由于张学良从背后威胁冯、阎，冯、阎军内开始分化瓦解。冯部将石友三通电拥蒋，杨虎城哗变宣布占领西安，前线的冯军全线溃败，部队被蒋军收编。阎锡山见势不妙，慌忙退缩山西。南边的李宗仁也在衡阳吃了败仗，退回了广西。

在兵法中，化整为零一类的战术常被用来对付强大的敌人。这样做，一方面可以保证我军实力，另一方面又能有效地击破敌人的围剿，冲出敌人包围。

在对敌形势中，集体的力量不是系统内部各要素的简单相加，而是大于相加之和。面对集体力量，最好的化解方法是：一要解析出它内部起作用的几个基本要素；二要看清这些要素的最大弱点；三要分散集体的核心力量，采取各个重点击破策略，逐步造成集体瘫痪，最后让集体力量化为乌有。正如曹操所做的那样，如果把对手比作一块饼，用刀子把它切成许多块，一口一块，吃起来就容易多了，这就是分饼而吃的优点。

2. 找到分化敌对力量的方法

竞争中，敌人内部如果团结一致，就会形成强大的力量，难以战胜。这时，运用离间计往往可以收到奇效。离间就是在敌人内部挑起是非，引起猜疑，让敌人分化或者产生内耗，从根本上削弱敌人的力量。

历史上以离间之计制敌的故事比比皆是。

明朝末期，袁崇焕戍边七载，先后大败后金汗努尔哈赤及皇太极，取得宁远大捷和宁锦大捷，稳定了辽东防线，鼓舞了明朝军民抗击后金军的信心。后因遭阉党魏忠贤的诬陷，罢职归乡。公元1627年，朱由检（即崇祯帝）即位后，起用袁崇焕为兵部尚书兼右副都御史，督师蓟、辽，兼管河北、山东的军事防务，并赐给袁崇焕一把尚方宝剑，给予他先斩后奏的大权。然而，崇祯帝是一个好大喜功、刚愎自用而又生性多疑的人，当袁崇焕于次年六月用尚方宝剑杀了私通敌国、为非作歹、不听军令的总兵毛文龙之后，崇祯皇帝就对袁崇焕产生了怀疑。

崇祯二年（公元1629年）十月，后金兴兵攻明。皇太极由于畏惧袁崇焕，不敢直接进攻锦州，他避开山海关防区，绕道蒙古边地，袭取龙井关、大安口，进逼北京。袁崇焕得知情报后，立即挥师入关，他自率几千名骑兵，昼夜急驰，抢先赶到北京城下，并在广渠门外击败了皇太极的进攻。

正当袁崇焕千里驰援、大战后金之际，以魏忠贤余党温体仁为首的一伙奸臣，乘机重弹“议和通敌”的老调，诬陷袁崇焕“纵乱拥兵”“引敌胁敌，将为城下之盟”。明朝廷的一伙阉党余孽则重金贿赂一些不明真相的文人墨客编写小说，绘声绘色地在京城内外大肆散布袁崇焕是“汉奸”、勾结后金反明云云，这进一步加剧了崇祯皇帝对袁崇焕的怀疑。当袁崇焕因兵马疲劳而要求入城休息时，他断然予以拒绝。

皇太极获知明朝廷中的上述情况后，便决定施行反间计，以达到用明朝皇帝之手杀掉袁崇焕的目的。为此，他故意引兵撤退，同时让明军降将高鸿中在囚禁两个明朝太监的屋外对看守人员说："你知道我军为什么退兵吗？这是因为皇上和袁巡抚订了密约，看来，占领北京的大事很快就要成功了。"尔后，又故意让两名太监逃走。逃回城里的太监立即向崇祯皇帝报告。已对袁崇焕疑心重重的崇祯皇帝一听到太监的告发，更加深信不疑，马上以召见为名，把袁崇焕逮捕下狱。

在后金军撤离北京后，已经听不进人言的崇祯皇帝不顾众人的强烈劝阻，以"谋叛"的罪名将袁崇焕处死，这一举动无异于自断臂膀。直到清朝中期官修的《明史》问世之后，编史者从清人的历史档案中，发现了皇太极施离间计的原始记载，至此，袁崇焕的冤案才真相大白。

实施离间计，关键是要找到对方最容易被攻破的一个点，将隐患挑成明患，将小嫌隙变成大嫌隙。为了用最省力、最快捷的方式打击对手，没有嫌隙也要制造出嫌隙来，对此，曹操可以说是个中高手。

曹操要一统天下，就要逐步扫除各地的割据势力。马超和韩遂的地盘都在关中，为了和曹操对抗，他们组成了联军。韩遂和马超的父亲马腾是朋友，说起来还是马超的叔叔辈。他们两人既属世交，又有共同的利害关系和共同的敌人，按理说这个联盟应该是很牢固的。而且马超英勇善战，韩遂老成持重，也是很好的互补，曹操想拿下他们，绝非易事。战事开始后，双方互有胜负。为了打破这种僵持局面，曹操和谋士贾诩商议取胜之道，决定使用离间计。

机会说来就来。有一天两军交战，韩遂出马指名要见曹操，曹操便出阵来见他。两人都是统帅而非一般战将，自然不是只为了厮杀一番而出面，韩遂是想通过和谈来解决战事。韩遂和曹操在两阵之间的中间地带交谈，他们也是旧相识，曾经同朝为官，谈话的气氛还是很好的。曹操东拉西扯，完全不给韩遂说正事的机会，连以往一起吃过什么菜、看过什么歌舞都翻了出来。韩遂没办法，只能随口应和。两个人谈到高兴处不禁抚掌大笑，看起来十分和谐。谈完后，韩遂回到本部，马超就问韩遂曹操都说了什么。韩遂实话实说，没谈什么，就是一些没营养的话。马超不相信，刚和对方热火朝天地谈了半天，却不肯把谈话内容说出来，这还算什么联盟？隔阂由此而生。

过了几天，曹操给韩遂写了一封信，里面暗语颇多，好像早有约定。这封信刚交到韩遂手里，就有探子前去报信，马超随后赶到。看到此信，马超心中疑虑更重，从此再也不相信韩遂。联军主帅不和，打起仗来就会施展不开。曹操趁乱进军，一举击败了马超和韩遂的联军，取得了决定性胜利。

马超和韩遂的联军，表面联为一体，实际上却各自为政，他们手下的将士只有自己的旧主才指挥得动。这是联军不可避免的弊病，也是曹操实行分化离间的切入点。另外，曹操、马超、韩遂三方力量中，曹操是最强的，马超和韩遂联合才有与曹操一战的资本。如果有其中一方背弃盟约降曹，那么吞掉另一方则易如反掌。对于这一点，马超与韩遂谁都不可不防。他们越对此战战兢兢、疑虑重重，曹操反间计的胜算就越大。相比之下，马超的个人能力更强，兵马更多，人又年轻气盛，一旦翻脸，他会直接认定自己的判断而不给韩遂解释的机会。如果二人换一下位置，韩遂倒可能会心平气和地与马超讨论详情，寻找疑点，说不定曹操的离间之计就劳而无功了。曹操行事之前，已把这一切看得很透彻，所有变化尽在掌握之中。曹操胜马、韩之联军，不在兵力，而在谋略。

不论是在真正的战场上，还是在后方的商场与官场之争中，离间计都是让人防不胜防的一招。凡战争出现僵持状态时，往往就是离间之计发挥效用的时候。没有什么样的联盟是水泼不进的，君不见即使是亲人情侣之间，也常会因一点误会而反目吗？强攻硬闯打不开的口子，换一种方式可能就是转机。从另一方面说，那些遭人诈骗的，大都因为“贪”，中了离间之计的，大都因为“疑”。自身有弱点，篱笆没扎严，就别怪别人乘虚而入。

3. 散布假消息，声东击西

“兵者，诡道也。”在兵法里，诡道是一切战略的核心与基础。诡道，就是不断制造玄虚，让敌人摸不透我方的真实意图，造成敌人错误的判断，然后再“攻其不备，出其不意”，获得最终的胜利。

曹操与袁绍的角逐中，有一场著名的战役——白马之围。当时双方的军队都在黄河沿岸集结，袁绍在河北，曹操在河南，大战一触即发。

白马在黄河南岸，对面即军事重镇黎阳。白马和黎阳间的渡口作为袁、曹领地的南北通道，地理位置极其重要。建安五年（公元200年）二月，袁绍驻军黎阳，派大将颜良攻打对岸的白马，同时派大将文丑进攻另一要地延津。颜良攻势猛烈，白马守军顶不住，派人送信向曹操求援。白马是一定要救的，摆在曹操面前的是怎么救的问题。根据谋士荀攸的建议，曹操制订了行动计划。随后，将士们接到命令去攻打延津，曹操有令，要不计一切代价快速拿下延津。曹营之中，也有袁绍的暗探，曹军的动向被人通过密信传到了袁绍大营。袁绍召集谋士们开了个会，大家一致认为曹操的下一步计划是要以延津为据点，抄袁军的后路，这实在太危险了。于是，袁绍立即调派人马增援延津。但曹操走到半路的时候，忽然派出一队精兵抄小路直扑白马，为首的将军正是张辽和关羽。关羽跃马阵前，在千军万马之中刺死颜良，斩其首级而归。袁军大败溃散，遂解白马之围。此战后，曹操从被动转为主动，为以后的大决战奠定了良好的基础。

曹操这条声东击西的计策在古今战争中很常见，重点是假消息如何取信于袁绍。袁绍那里也是人才济济，不是得了什么情报就会信什么情报，所以必须做得像模像样。曹操打延津是假，这事知道的人越少越好。别看曹操派了关羽带队打颜良，关羽应该并不知道内幕。如此一来，上上下下都以为要去打延津，敌方的探子看到情况与听到的消息一致，假情报才能快速回传。还有就是在防御上要内紧外松，平时防探子防泄密，此时反要有意无意地开一条通道，为敌方的暗探“保驾护航”。

一个精心设计的假消息，完全可以牵着敌人的鼻子走，从而让自己的计划顺利实施。这种浑水摸鱼的手法，在当代商战中也时常可见。

1973年，苏联政府在美国放风说，打算挑选美国的一家飞机制造公司为苏联建造一个世界上最大的喷气式客机制造厂，该厂建成后将年产100架巨型客机。如果美国公司的条件不合适，苏联就将同英国或联邦德国的公司做这笔价值3亿美元的生意。

美国波音飞机公司、洛克希德飞机公司和麦克唐纳·道格拉斯飞机公司三大飞机制造商闻讯后，都想抢到这笔“大生意”。于是，他们都背着美国政府，分别同苏联方面进行了私下接触。苏联方面则在他们之间周旋，挑起他们的竞争。

波音公司为了能够抢到这笔生意，首先同意了苏联方面的要求：让20多名苏联专家到飞机制造厂参观、考察。

在波音公司，苏联专家被视为上宾，他们不仅仔细参观了飞机装配线，还钻到了机密的实验室里“认真考察”了一番。他们先后拍了成千上万张照片，得到了大量资料，最后还带走了波音公司制造巨型客机的详细计划。

波音公司热情地送走苏联专家后，满心欢喜地等待他们回来谈生意、签合同，岂料这些人一去再无音讯。

不久，美国人发现苏联利用波音公司提供的技术资料设计制造了伊柳辛式巨型喷气运输机。这种飞机的引擎是英国罗尔斯·罗伊斯喷气引擎的仿制品，而且有关制造飞机的合金材料也是从美国获得的。

原来，苏联专家穿了一种特殊的皮鞋，其鞋底能吸引从飞机部件上切削下来的金属屑，他们把金属屑带回去一分析，就得到了制造合金的秘密。

这一招，使得一向精明的波音公司叫苦不迭，有苦难言。

本来，美国波音公司作为全球最大的军用和民用飞机制造商，应该有足够的防范意识和保密措施，但他们被苏联方面的假消息所迷惑，一心想做成这单令人惊叹的大生意而被人钻了空子。

利用假消息给对方造成错觉然后乘乱出击，是竞争中常用的手段。至于散布消息的途径则有很多，如果是一般性的“小道消息”，看看周围谁的嘴巴松，由他去做免费的发布者最好。世间守口如瓶的人不好找，“八哥”“八婆”则多得是，消息一出，在一定范围内比光缆电波传得都快。另一种手法，是通过“不经意”的言行举止，在相关人员面前露出些蛛丝马迹，由他们自己观察总结出来的信息更容易形成误导。在一些小说电影里，还常常会有这样一种情形，把假情报重重保护起来，让盗取者历尽艰险才得手。对这种情况，对方是不会怀疑情报有误的，殊不知却恰恰进了早就设好的罗网。

相反，如果久不联系的朋友忽然找你合作，素来强势的对手陷入了软弱无助的困境，相互牵制的政敌突然在言语中露出攻之必胜的破绽，此时，你最恰当的反应是擦亮眼睛看清楚。须知，天下没有什么简单易为的事。

4. 将欲取之，必先予之

古人云："将欲取之，必先予之。"钓鱼时，首先要舍出一些饵料，才能得到鱼，这就是所谓的"有付出才有回报""吃小亏占大便宜"。在遇到问题时，如果懂得恰当运用"以利诱之"的策略，你将会收到事半功倍的效果。

曹操领兵救援刘延，解除了白马之围后，正打算收兵后撤，忽然听说河北名将文丑为报关羽斩颜良之仇，率领大军渡过黄河，追杀了过来。

曹操得知后，急忙下令让后军为前军，前军为后军，并让粮草辎重先行，军兵在后迎战文丑。众将对曹操突然调整部署感到疑惑，不明白其用意所在，只有谋士荀攸说："如此正可以饵诱敌。"

不错，曹操正是为了使文丑产生轻敌冒进情绪，故意摆出错误的阵法，以利诱之，让文丑去打劫没有多少防备的粮草马匹。文丑果然中计，他成功夺了曹操的粮草马匹，而且这点小胜也让他变得趾高气扬起来。谁知，正当他失去戒备之心时，曹操率军乘机突然冲杀过来，文丑军队措手不及，顷刻大乱，人马互相践踏，刀枪遗弃遍地，文丑也在乱军中被关羽所杀。曹军取得了胜利，粮草马匹又全部夺了回来。

在迎击文丑的战斗中，曹操抓住了文丑贪图小利的弱点，成功地施展了“以利诱敌”的计策，大获全胜。

《孙子兵法·虚实篇》写道：“善战者，致人而不致于人。能使敌人自至者，利之也；能使敌人不得至者，害之也。”其意思是：“善于指挥作战的人，能够把敌人调动起来而不是被敌人所调动。能使敌人自己来的，是以小利引诱了他们；使敌人不能前来的，是牵制妨害了敌人。”

以利诱敌所指的就是，对于贪利的敌人，要用小利去引诱他。

春秋战国时期，楚国发兵攻打绞国，强大的楚军数方人马很快兵临城下，气势如虹，绞国自知出城迎战凶多吉少，于是坚守城池不出。

绞城地势险要，易守难攻，楚军的多次强攻都被击退，两军相持一个多月。楚国大夫屈瑕仔细分析了敌我双方的情况后，认为绞城只可智取，不可强攻。他对楚王说：“攻城不下，不如利而诱之。”随后，他提出了具体的“利诱”方案：趁绞城被围月余，城中缺少薪柴之时，派些士兵装扮成樵夫上山打柴运回来，敌军一定会出城劫夺柴草。可以在开始的几天里，让他们得一些小利，等他们麻痹大意了，大批士兵出城劫夺柴草之时，先设伏兵断其后路，然后聚而歼之，乘势夺城。

楚王认为有理，便依计而行，命一些士兵装扮成樵夫上山打柴。

果然，绞侯听探子报告有挑夫进山，并得知他们并无楚军保护，便立即安排人马出城去袭击樵夫，并小有收获。这样几天下来，绞国的收获相当可观。

绞侯看到轻易得到的好处，越来越麻痹，绞国士兵出城劫夺柴草的人数也越来越多。楚王见敌人已经上钩，便决定迅速收网。第六天，大量绞国士兵像往常一样出城劫掠，樵夫们见绞军又来劫掠，急忙逃奔，绞国士兵紧紧追赶，不知不觉便被引入了楚军的埋伏圈内。不一会儿，只见伏兵四起，杀声震天，绞国士兵哪里抵挡得住，慌忙败退，又遇伏兵断了归路，死伤无数。楚王此时趁机攻城，绞侯自知中计，已无力抵抗，只得投降。

绞国因贪图小利，不知不觉中踏进了敌人设下的圈套，付出了亡国的代价。

“以利诱之”也能从另一个角度给我们以启示，就是当我们做事时，如果能够“投其所好”，那么遇到的阻力就会小得多，事情也会很容易办成。

20世纪初，美孚石油公司为了打入中国市场，没有直接采用销售产品的办法，而是给每户居民赠送了一盏崭新的煤油灯和两斤煤油。煤油灯当然比豆油灯要亮得多，而且还是免费的，所以一时间，家家都用上了煤油灯。

然而，免费赠送的煤油很快就会用完，但已经体会到煤油灯优点的中国人舍不得放着那盏漂亮的灯不用，同时也实在不愿继续使用昏暗的小豆油灯，于是只好去买美孚公司的煤油。就这样，美孚公司顺利打开了中国市场。

美孚公司懂得揣摩人心，能够抓住人们的心理弱点，因此顺利进入了中国市场。我们做事也是一样的道理，有投资才有收获，有付出才有回报。

有位大富翁建了新居，富丽堂皇。为了让新居更具文化气息，这个富翁想让郑板桥给自己画几幅画挂在家中。然而众所周知的是，郑板桥恃才傲物，更鄙视权贵，被他拒之门外的达官显贵不计其数。

富翁不想吃闭门羹，经过苦思冥想，心生一计。他首先派人四处打探郑板桥的生活习惯和各种爱好，得知郑板桥酷爱吃狗肉后，心里就有了主意。

这一天，郑板桥外出散步，忽然听见远处传来悠扬的琴声，好奇之下便循声而去，结果发现琴声出自一座宅院。院门虚掩，郑板桥推门而入，眼前的情景让他大感惊讶：庭院内修竹叠翠、奇石林立，竹林内一位老者鹤发童颜，银髯飘逸，正在抚琴演奏。

老者看见他，立即停止演奏。郑板桥见自己坏了别人的兴致，有点不好意思。老者却毫不在意，热情邀他入座，两人谈诗论琴，颇为投机。

谈兴正浓时，突然飘来一股浓烈的狗肉香，郑板桥的口水都快要流下来了。

不一会儿，只见一个仆人捧着一壶酒，还有一大盆烂熟的狗肉，送到他们面前。一见狗肉，郑板桥的眼睛就转不动了，老者刚说个“请”字，郑板桥连客套话都没说，就急忙上前大快朵颐起来。

酒足饭饱之后，郑板桥才发现自己居然连对方的尊姓大名都还不知道，就糊里糊涂地大吃了一通。他感觉无以为报，便对老者说：“今天能与您老邂逅，实在是幸会，感谢您的热情款待，我无以为报，请您找些纸笔，我画几笔，也算留个纪念吧。”

老者听后甚是惊喜，说道："老夫平生最喜欢琴棋书画，今天可算遇上知己了。"

画完之后，郑板桥问了老先生姓名，并写了落款，这才告辞离去。

第二天，郑板桥的这几幅字画不出意外地出现在了大富翁的客厅里，他还请来宾客共同欣赏。消息传开后，郑板桥才意识到自己中了别人的圈套。

俗话说，吃人家的嘴短，拿人家的手软。一旦得了别人的好处，就不好意思再拒绝别人的请求了。这也体现了以利诱之，先予之后取之的道理。

5. 不敌其力而消其势

"三十六计"中有这样一句话："不敌其力，而消其势，兑下乾上之象。"不错，运用智慧和计谋造成敌人阵营人才的流失和分化，就等于自己力量的增强。曹操作为一代乱世枭雄，怎会不深谙此道？

不与敌人正面交锋，而采取侧面迂回的方法消灭敌方势力，从根本上解决问题，正所谓穷追于后不如阻截于前，扬汤止沸不如釜底抽薪，曹操就是精通此道的高手，从他到袁绍和刘备那里"挖墙脚"就能看出这一点。

郭嘉原为袁绍宾客，聪明绝顶，才策谋略他人罕及，袁绍非常看重他。但郭嘉在和袁绍相处数十日后，便对袁绍的谋臣辛毗、郭图表示：“奉献心智替别人做事的人，最要紧的是懂得选择主人，选对主人后，才能全力以赴，建立功名。袁公虽礼贤下士，却不懂得用人及驱使人的要领，好使谋略却不懂得当机立断，这样的领袖在乱世中很难获得成功，即使想雄霸一方都不太容易。我打算立刻离开这里，去寻找真正值得我扶助的主人。”

辛毗和郭图表示：“袁氏四世三公，有恩德于天下，早获得北方各州镇大小军团的拥戴，是当今首席雄主，除了他，还有谁称得上是值得扶助的主人呢？你到底想去哪里啊？”

郭嘉知道郭图等无法领会他言中的深意，于是单独离去。

经荀攸介绍，曹操在与郭嘉共论当前天下大势后，非常高兴地表示：“他日帮助我成功、立大业的，就是这个人了。”

郭嘉虽然不是曹操亲自“挖”来的，可如果他疑神疑鬼，怀疑郭嘉是袁绍派来的间谍，恐怕郭嘉迟早会离他而去。难怪郭嘉在见到曹操以后，也很高兴地对别人说：“这才是真正值得我扶助的主人呢！”

同郭嘉相比，徐庶可算是曹操用心良苦，从刘备那里精心“挖掘”过来的。

曹操从虎牢关认识刘备，到煮酒论英雄，一直认为刘备是位英雄，但并不可能成为自己日后的对手。因为刘备虽然是皇亲国戚，却一直没有自己固定的根据地，常常寄人篱下，他先后依附公孙瓒、陶谦，还依附了曹操，后来又投奔了袁绍、刘表等人，四处流浪，一副狼狈相。

当时，刘备手下只有关羽、张飞、赵云等几员猛将，力量十分单薄。就连刘备自己也认为，要实现自己的抱负，建功立业，必须访寻贤人，以仁义去获取天下，而现在的自己却是捉襟见肘，大业难图。

如此这般，一向重视“天下智”的曹操当然不会把人才匮乏的刘备当一回事，因为刘备手中无人。不然，以曹操的个性，又怎么会在青梅煮酒后，轻易被刘备麻痹，放走了这位未来的巴蜀之王呢？

等到刘备在新野得到徐庶的辅佐后，曹操才真实地感受到问题的严重性。

徐庶是刘备招揽到的第一个高智商贤才。刘备得到徐庶的帮助后，先是指挥几千人的军马挫败了吕旷、吕翔的进攻，并计斩二将，后又挫败了曹仁、李典率领的两万大军。

当曹操得知是徐庶为刘备谋划了这次胜利后，一心想把徐庶招为己用。于是，他与谋士程昱商议，设计用徐母诓骗徐庶，使徐庶离刘归曹。

操（问程昱）曰："徐庶之才，比君何如？"昱曰："十倍于昱。"操曰："惜乎贤士归于刘备！羽翼成矣！奈何？"昱曰："徐庶虽在彼，丞相要用，召来不难。"操曰："安得彼来归？"昱曰："徐庶为人至孝。幼丧其父，止有老母在堂。现今其弟徐康已亡，老母无人侍养。丞相可使人赚其母至许昌，令作书召其子，则徐庶必至矣。"

操大喜，使人星夜前去取徐庶母……

曹操请来徐母，好言相劝，甚至不惜诬蔑刘备，说刘备是"沛郡小辈，妄称'皇叔'，全无信义，所谓外君子而内小人者也"。可惜的是，徐庶是个高智商的能人，他的母亲也不是什么泛泛之辈，一眼就看穿了曹操的计策。

罗贯中在《三国演义》中对此有详细描述：

徐母厉声曰："汝何虚诳之甚也！吾久闻玄德乃中山靖王之后，孝景皇帝阁下玄孙，屈身下士，恭己待人，仁声素著，世之黄童、白叟、牧子、樵夫皆知其名，真当世之英雄也。吾儿辅之，得其主矣。汝虽托名汉相，实为汉贼。乃反以玄德为逆臣，欲使吾儿背明投暗，岂不自耻乎！"言讫，取石砚便打曹操。

曹操大怒，令武士斩杀徐母，幸亏程昱急忙阻止。

程昱说：“徐母触忤丞相，就是要求死。丞相如果杀了她，就会招来不义之名，而成全了徐母的高尚品德。徐母要是死了，徐庶必定死心帮助刘备来报仇。不如留着她，使徐庶身心两处，这样，就算他帮刘备出谋划策，也不会尽全力。再说，留得徐母在，我自有办法把徐庶招来这里辅助丞相。”

听罢，曹操便将徐母送于别室养了起来。程昱经常去探望，并诈称自己曾与徐庶结为兄弟，徐母就是自己的母亲，自己会好好服侍。他还时常馈送些物品给徐母，并随附一些简单的慰问信。徐母是个讲礼仪的人，自然也要写些手启表示感谢。程昱因此赚得徐母笔迹，于是仿造徐母字体，诈修家书一封，差一个心腹，持书径奔新野县，询问徐庶的营帐。

徐庶是个孝子，听说母亲写了家书送来，急忙找来送信人。等看完书信，徐庶已是泪如泉涌。他拿着书信去见刘备，向刘备告辞：“我跟将军共建霸主大业，全靠此方寸之地。而今母亲失踪，方寸已乱，留在这里，对你没有帮助，请允许我从此别去。”刘备无奈，只得允许，徐庶于是投奔曹操，并答应刘备，虽然身在曹营，但势必不向曹操献上一计一谋为其所用。

曹操得徐庶，虽然终身不为其用，但曹操对人才的重视和笼络可见一斑。从战术上讲，曹操用的这招是釜底抽薪。曹操没有让自己的人马亲自上阵，而是用外部力量——徐庶的母亲肢解对手的有机组合，使其结构发生质变，刘备因此失去了一个关键性的人才，这样，曹操原来面临的强大障碍也就不复存在了。

像曹操这种以消灭对手的势力，剪除对手的左膀右臂来控制敌我之势的手段，就是“不敌其力，而消其势”。

而从另一方面来讲，“身在曹营心在汉”的徐庶，虽然“一言不发”，但作为曹操礼贤下士的幌子，毕竟也算一用吧。并且，徐庶既不能为刘备出谋划策，就等于刘备少了一个助手，敌人阵营里的人才流失和人员分化，就等于自己力量的增强，这也算是徐庶对曹操的贡献了。

人才的重要地位和作用，在治国治军中都是举足轻重的。谁得到了人才，谁就掌握了竞争的优势。不管是挖墙脚也好，引发争端也罢，总之，逐步消除对方的人才控制力，在对方阵营中制造混乱，就等于削弱了对方的实力。

6. 敌人的敌人就是朋友

中国历史大势，被人形容为“分久必合，合久必分”，分分合合，统一是大趋势。统一的手段离不开暴力斗争，斗争的对象往往不止一个。每次大统一，统一者都必须成功地瓦解敌对者的联盟，把敌对者的朋友变成敌对者的敌人，从而成为自己的朋友。

赤壁之战兵败后，曹操退回北方。虽然在给孙权的信中表示了对赤壁之败的不服气，但实际上他还是认真总结了经验教训。特别是从战略角度说，他对孙刘联盟有了相当深刻的认识。

赤壁之战后，孙权履行了盟约，借荆州给刘备。消息传到北方，惊得曹操失魂落魄，“方作书，落笔于地”。

曹操认为，如此一来，孙刘之间的联盟必然会进一步加强，变得更加不好对付。为了对付这两个较强的敌人，曹操准备将他们拆散。他不仅在武力上防御、军事上进攻，同时还做了一些拉拢及分化瓦解的工作。

他所使用的第一个手段就是，在建安十四年（公元209年），也就是赤壁之战的第二年，派九江人蒋干前往江陵，企图说服周瑜归于自己部下。

蒋干字子翼，其人一表人才，能言善辩，在江淮间称得上是一个有头有脸的人物。蒋干接到指令后，布衣葛巾，假托有私事前往江陵。周瑜早知道他的来意，一见面就说："子翼，您太辛苦了，远涉江湖，是来替曹操做说客的吧？"蒋干猝不及防，只得辩解说："我同足下是同乡，分别了这么长时间，听说足下建了大功，所以特来叙旧，并学习一下治军的良规，怎能怀疑我是说客呢？"周瑜笑着说："我虽然不像夔和师旷那样聪灵，但听弦赏音，还是能够知道雅意的。"后来，周瑜设宴款待了蒋干，并请蒋干参观了军营、仓库、军资、器仗等。参观完毕，又设宴款待，在席间还拿出服饰珍玩之类的东西给他欣赏，但就是闭口不提军事方面的事。

最后，周瑜明确表态说："大丈夫处世，外托君臣之义，内结骨肉之恩，言听计从，祸福与共。在这种情况下，即使苏秦、张仪再生，郦食其复出，也不可能说动我，这又哪是足下所能做得到的呢？"

蒋干听了无话可说。回去后，蒋干对曹操说，周瑜气度恢宏，品格高尚，不是言辞所能离间的。曹操听了，只能无奈地放弃招降周瑜的念头。

两年后，曹操又用了另一种手段。建安十六年（公元211年）冬，曹操又让阮瑀代笔，给孙权写了一封信。信的大致意思就是，想把自己弟弟的女儿许配给孙策的小弟孙匡，让儿子曹彰娶孙权的堂弟孙贲之女为妻。曹操指责孙权抛弃了两人从前的交情，他说这是受小人刘备挑拨、煽动所造成的结果。最后，他希望继续恢复他们以前的友好关系，这样，他就可以使孙权享受高官显爵、担任治理江南的重任。曹操软硬兼施，其目的只有一个：拉拢孙权，分化孙刘联盟。在这期间，他又用了第三种手段：让阮瑀代笔，给刘备写了一封信，今尚存两句："披怀解带，投分托意。"意思就是开怀相见，以此能够表达自己的心意。信中内容大概也与给孙权的信差不多。此外，他还给诸葛亮写了一封信，如今也只存有两句："今奉鸡舌香五斤，以表微意。"鸡舌香，也就是丁香，能治口臭。给刘备写信，给诸葛亮送东西，其目的很单纯，同样是进行拉拢，促使孙、刘二人散伙。

曹操意识到了孙、刘联盟对自己的威胁程度，而赤壁之战也给了他很大的教训，这可使他不再犯同样的错误，使他以后的战略、战术变得更加成熟、完善。

敌人的敌人是朋友，这个道理也许不难懂，但做起来就难了。因为敌人的敌人跟你可能也是敌对的，你跟他成了朋友，联手消灭了敌人，他再把你打垮了，那不弄巧成拙了吗？历史上这样的例子并不鲜见，最具代表性的莫过于北宋、南宋之亡了。

北宋与辽乃世仇，经常受辽的欺负，割地赔款，纳币输金，心里暗恨，却无力反抗。辽的属国女真兴起，建立金朝，金兴兵反辽，约宋一起出兵，宋自是大喜过望。于是，金、宋南北夹击，灭掉辽国。可北宋的腐朽与无能全部暴露在了金朝眼皮底下。灭辽后，金兵大举伐宋，北宋灭亡。宋室余脉仓皇南渡，建立了偏安小朝廷——南宋。

南宋受到金的压迫，日子过得比北宋更惨，失去更多的土地、献出更多的金帛不算，还要对金称臣，这不啻于奇耻大辱。南宋也反抗了几次，无奈实力与金相差太远，只好强装笑脸曲意逢迎。直到一代天骄成吉思汗崛起于漠北，大举伐金，南宋才算出了口恶气。金在蒙军铁骑的打击下，虽丧权失地，一败再败，但百足之虫死而不僵，一时半刻还灭不了。于是，蒙军约南宋一起伐金，南宋不假思索便一口应承。金主得到消息后，给南宋写了一封信，阐述“唇亡齿寒”之理，南宋如何听得进去？于是，南宋联蒙灭金，最终也重蹈了北宋灭亡的覆辙。

两宋之亡，在于没有正确分析敌情我情。辽、金的实力在两宋之上，而金、蒙的实力又分别在辽、金之上。两宋联合比自己强大的敌人，无异于为虎作伥，焉能不亡？

秦灭六国，用范雎“远交近攻”之法，安抚强敌，灭掉弱小，或联合弱小先灭强敌，最终一统天下，这才是运用“敌人的敌人是朋友”这一策略的最高境界。曹操无疑是达到了这一境界。袁、吕结盟时，为了对抗他们，曹操选择先拉拢吕布，一方面是因为吕布有勇无谋，另一方面是由于曹操看到他力量弱小，好争取，这才有了袁、吕后来的败亡；为了收定河北，曹操利用袁尚、袁谭兄弟的矛盾，拉拢实力较弱的袁谭，最终消灭了袁氏的残余势力，统一北方；赤壁之战时，曹操的失败在于背离了他自己一贯重视的正确战略，其中就包括没有团结一个敌人打击另一个敌人；赤壁之战后，曹操接受教训，重新拾起了屡试不爽的法宝，这才有了平定关陇、收据汉中之功，并在襄樊大战中取得了辉煌的胜利。

“敌人的敌人是朋友”，但只是暂时的朋友。当共同的对手被消灭后，原来的朋友也就成了敌人。所以，选择谁做“朋友”是至关重要的。曹操在这一点上看得清、选得准，显出了过人的智慧。

第七章

灵活变通，见机行事收效大

在漫长的人生旅途中，每个人都会面对变化，都要选择变化，并学会正确地处理变化。灵活变通是天地间最大的智慧，为人处世有时不按照常规出牌，恰能妙招频出，让一切难题迎刃而解。

1. 杀人和献刀本是一个姿势

人活于世，难免会遇到各种各样的考验。越是面对复杂的环境、危急的事态，越需要机智灵活地应对，因为一个失当的举措就很有可能造成成王败寇、生死攸关的不良后果。

东汉末年，凉州的军阀董卓专权朝政，他废黜少帝，杀何太后，立陈留王刘协为汉献帝，以太师之位独揽军政大权，地位在诸侯王之上，车服仪饰拟于天子。“上欺天子，下压君臣”的评价用在董卓身上再切合不过。董卓一家独大，也注定他会成为众矢之的。司徒王允谎称自己生日，召集一群汉朝旧臣商议除董大计。此时曹操在政治舞台上刚刚崭露头角，所以也有幸参加了这次密会。说起董卓的恶行，想想将要覆灭的大汉天下和自己漆黑一片的前程，众多文臣武将哭声四起。

曹操看不过去，大笑道：“满朝公卿，夜哭到明，明哭到夜，就能把董卓哭死了?”大家停止哭泣，矛头一致指向曹操：“如今董卓权倾天下，你又能如何呢?”曹操表示：“近来我与董卓走得近，就是想找机会灭了他，听说王司徒有七星宝刀一口，请借我一用，让我以献刀之名，趁机刺杀董贼。”

第二天，曹操佩带宝刀，来到相府见董卓。董卓坐于床上，董卓的义子——三国第一猛将吕布在一旁充任保镖。曹操与董卓谈得甚为投机，董卓得知曹操正缺一匹好马骑乘，就让吕布去挑一匹府中的西凉宝马赐予曹操。吕布领命离去。董卓身体太胖，坐得累了，就背对曹操，倒在床上歇息。曹操见机会来了，正掣刀准备动手刺杀董卓，不料董卓从床头穿衣镜中，看见曹操在背后拔刀，急急转身喝问：“曹孟德，你要做什么?”

曹操用余光扫见吕布已经赶了回来，急忙稳住心神，双手持刀，单膝跪地，一点不打磕绊地说：“现有宝刀一口，特来献上。”董卓接过刀一看，寒光闪耀，刀柄饰以七彩宝石，果然是把难得一见的好刀。正在把玩间，曹操提出要去试马，董卓点头答应。曹操牵马出了相府，快马加鞭，头也不回地往东南而去。等董卓与吕布反应过来曹操形迹可疑时，曹操已经逃脱出城，再也追不回来了。

曹操本是一代枭雄，他刺杀董卓，期待的是一战成名，加重自己进入政治舞台的筹码，而非如后世的仁人志士一般，知其不可而为之，只想以自己的一腔热血，来唤起世人的觉醒。他的目标是刺杀董卓，然后全身而退。曹操一向以权谋机变著称，临危不惧找出路就是他的一项基本功。见事不妙，赶紧回头，为自己找条脱身之计是正道。对于那些身处险恶环境的政治人物，急中生智更应成为本能。

古时候，有一个国家流行一个特别的习俗，就是在国王的宴席上，任何人都不可以翻动菜肴，只能吃上面的那部分菜。一次，有一个外国使者到访，国王满心欢喜招待这个使者。宴会开始，侍者端来一盘盖着香料的鱼。岂料，这位使者把鱼翻了过来。群臣看见，齐声高喊："禀陛下，您被侮辱了！您必须立即处死他！"

国王叹口气，对使者说："你听见了吗？如果我不处死你，我就会受到臣民的嘲笑。不过，看在贵国和我国的友好关系上，你临死前可以向我请求一件事，我一定会答应。"使者想了想，对国王说："既然如此，我就提出一个小小的请求！"国王说："好，除了给你生命，什么要求我都能满足你。"

使者对国王说："我希望在死之前，让每一个看见我翻转那条鱼的人都被挖去双眼。"国王大吃一惊，马上发誓说："自己什么也没看见，只是听信了他人的话。"

在国王旁边的王后也为自己辩解说："我可是什么也没看见！"大臣们面面相觑，然后一个个站起来，发誓说自己什么都没看见，大家都认为自己不该被挖去眼睛。

到最后，使者面带微笑地站起来说："既然没人看见我翻动那条鱼，就让我们继续吃饭吧！"使者凭借机智，救了自己一命，可见机智对于一个人来说是多么重要。关键时刻，头脑就是应该灵活一点。

每件事情的成败都有很多主客观因素影响，只有把握住最有利的条件和机会，选择最恰当的方式，才能成功。事物处在不断的变化之中，主客观条件也是不断变化的，只有能够随着时间、地点和机会的变化而灵活地做出不同选择的人，才能把握住成功的主线。

在生活中，很多人就因缺乏机智，遇事不能随机应变而造成了后来一连串的错误和失败；也有些有才之人因缺乏“心智”而被浪费，至少是不能充分发挥其所长。审时度势，以变取胜，在战争和政治角逐中是一条普遍的原则。现代社会险象丛生，瞬息万变，没有什么东西是永恒不变的，只有适应不断变化的外界环境，变在人先，才能在社会上获得一席立足之地。人生之计，变则通，通则久，关键是你是否掌握了“变通”的真正意义。把变通作为自己的习惯，以变应变，这是面对竞争社会的最佳态度。

正如诸葛亮所说：“因天之时，因地之势，依人之利而所向无敌。”对于一个善于变通者来说，世界上不存在任何的困难，只是暂时没有找到合适的解决办法而已。

萧伯纳说：“聪明的人使自己适应世界，而不明智的人只会坚持要世界适应自己。”人生在世，每个人的自身条件都是不一样的，遇到的困难也不尽相同，但有一点是一样的，那就是懂不懂得随机应变，将很大程度上决定其是否能够取得成功。

2. 临危不乱，处变不惊

苏洵在《心术》中写道："为将之道，当先治心。泰山崩于前而色不变，麋鹿兴于左而目不瞬。然后可以制利害，可以待敌。"此处，苏洵对将领的要求是要有良好的心理素质，处变不惊，临危不乱，不为眼前利益所动。

普通人处事之道也是同样的道理，面对危局时的态度是检验一个人水准的最佳试金石。

《魏书》记载，初平元年（公元190年）正月，袁绍等人联合出兵讨伐董卓。曹操也在丹阳招募兵丁四千余人参战。

当部队行进到龙亢时却发生了兵变，并且突然有叛逆的士兵前去火烧曹操的帐篷。面对此危局及仓皇失措的卫士，曹操沉毅冷静，敏锐决断，手持利刃连杀数十人，终于镇住了局面，稳住了局势。

官渡之战是曹袁之争的关键之战，曹操力排众议，亲率精兵奔袭乌巢。劫寨战斗激烈之时，袁绍援兵来到，形势突变，胜败只在一念之间。曹操的部下开始慌乱，急言操分兵抵挡。不料曹操勃然大怒，厉言喝道："贼在背后，乃白！"意思是敌人到了背后再说。由于主帅意志坚定，身先士卒，不进则亡的信念鼓舞着部众，全军死心拼战，以一当十，终将乌巢攻破，生擒主将酒鬼淳于琼，为最后消灭袁绍奠定了基础。

在正常情况下，人们在没有巨大外部压力时，通常能够做出正确的决断。但是，生活不会一直一帆风顺，中间会经常出现各种各样的情况乃至危局。在突然而至的变故面前，很多人会失去方寸，六神无主，进而做出错误的决定。所以，在危机面前，是临危不乱、处变不惊，还是心神大乱、冲动行事，是判断一个人是不是一流人物的重要标准。

寻常人面对棘手的问题时很容易方寸大乱，而曹操之类的一流人物则具备临危不乱、从容不迫、泰然处之的本领，常常能在艰难困顿的局面下化险为夷。这种“泰山崩于前而不变色”的刚毅气质使他能够运筹帷幄，决胜千里。

三国时期，蜀国丞相诸葛亮因错用马谡而失掉战略要地——街亭，魏将司马懿乘势率大军15万向诸葛亮所在的西城蜂拥而来。当时，诸葛亮身边没有大将，只有一班文官，所带领的5000人军队也有一半运粮草去了，只剩2500名士兵驻在城里。众人听到司马懿带兵前来，都大惊失色。诸葛亮登城楼观望后，对众人说：“大家不要惊慌，我略用计策，便可教司马懿退兵。”

诸葛亮传令，把所有的旌旗都藏起来，士兵原地不动，如果有私自外出以及大声喧哗者，立即斩首。又叫士兵把4个城门打开，每个城门之上派20名士兵扮成百姓模样，洒水扫街。诸葛亮自己披上鹤氅，戴上高高的纶巾，领着两个小书童，带上一张琴，到城上望敌楼前凭栏坐下，燃起香，然后慢慢弹起琴来。

司马懿的先头部队到达城下，见这种气势，都不敢轻易入城，急忙返回报告司马懿。司马懿听后，笑着说：“这怎么可能呢？”于是令三军停下，自己飞马前去观看。离城不远，司马懿果然看见诸葛亮端坐在城楼上，笑容可掬，正在焚香弹琴。左面一个书童，手捧宝剑；右面也有一个书童，手里拿着拂尘。城门里外，20多个百姓模样的人在低头洒扫，旁若无人。司马懿看后，疑惑不已，来到中军，令后军充作前军、前军作后军撤退。他的次子司马昭说：“莫非是诸葛亮家中无兵，所以故意弄出这个样子来？父亲您为什么要退兵呢？”司马懿说：“诸葛亮一生谨慎，不曾冒险。现在城门大开，里面必有埋伏，我军如果进去，必会中他们的计，还是快快撤退吧！”于是各路兵马都退了回去。

事后，诸葛亮的士兵问道：“司马懿乃魏之名将，今统15万精兵到此，见了丞相，便速退去，何也？”诸葛亮说：“兵法云，知己知彼，方可百战不殆，如果是司马昭和曹操的话，我是绝对不敢实施此计的。”

这就是历史上著名的“空城计”，敢于如此去做的也只有临危不乱、处变不惊的诸葛亮了。后人更是据此编了一条歇后语：诸葛亮弹琴退仲达——临危不乱。

所以，即使是在形势岌岌可危时，只要有临危不乱、力挽狂澜的信心与勇气，只要能够不受外界干扰正确思考，抱定必胜的信念，就能激发出自身内在的潜力来攻克难关，进而使看似不可收拾的事态尽在自己掌控之中。

那些面对困境能够临危不乱并做出正确决断的人，大都愿意将人生中那些看似错误或痛苦的经验视为最宝贵的人生财富。他们坚信：成大事源于正确的决策，正确的决策源于正确的判断，正确的判断源于平时的处事经验，而经验就来自日常的实践。成大事者之所以会有不俗的成就，就在于他们的智慧与胆识使他们能够排除错误之见。正确的判断是一种需要经常训练的素养，没有正确的判断，我们就会面临很多的失败和无数的危急关头。在决定成败的危急关头，保持冷静是非常重要的。因此，在遭遇危急的情况时，一定要临危不乱，果断处事，敢于承担风险。

3. 随手一指，谋事在人

天下的计谋，有的可以事先策划好，有的却不能预先策划好而要靠临场发挥。在遇到危急情况时，有的人惊惶失措，有的人却能临危不惧、急中生智。曹操在面对危机时往往能处变不惊，给我们展现的是领导者所必备的一种坚定意志。

所谓计谋，在很多时候都是我们在事前的一厢情愿，究竟事情是否能够按照它的既定线索发展，谁都没有把握。那种自诩为智多星的人不是事后诸葛亮，就是侥幸说中。

一旦事情不如我们所预料的那样，我们应该怎么办？套用说书人的一句词是："说时迟那时快……"在这千钧一发的时候，考验的是我们的心理素质和自身的潜质。

三国时，诸葛亮出谋划策时常是手拿鹅毛扇，三步一摇，两步一吟，从容不迫；而曹操的谋略则给人迥然不同的感觉，就像是黑夜中突然闪烁的流星，又像是狂风中迎风展翅的雄鹰，有力度，也有速度。

曹操在濮阳之战中，攻城心切，结果情急之中陷入了陈宫的"抛砖引玉"之谋。当他率部冲进城中时，发现城池四处烈火封门，东巷张辽，西巷臧霸，北门郝萌、曹性，南门高顺、侯成一齐向陷入城中的曹操及其亲随杀来。

情急之中，曹操带马向东门冲去，迎面遇到张辽后，又转向北门，北门受阻又去闯南门。就在他像没头苍蝇似的乱闯之际，火光中只见吕布挺戟跃马向他冲来。曹操回头一看，身边的亲将已不知什么时候失散，只剩他一人。此刻他心想：我若与之交手，用不了一个回合就会被他斩杀。若夺路而逃，又哪及他的马快？不如乘夜色混过去。于是收起宝剑，用袍袖掩住脸，催马向吕布身侧冲去。真是天不灭曹，曹操竟从吕布身边蒙混而过。

当曹操正为自己方才的举动暗自庆幸时，突然有人用戟敲着他的头盔问："曹操何在？"曹操侧脸一看，竟是吕布追了上来，随手指着前方回答说："前面那个骑黄马的就是。"当时正值夜半，人嘈马杂，吕布寻曹操心切，未辨真伪，便顺着曹操手指的方向去迎"曹操"而去。

就在曹操急得团团转的时候，大将典韦及时赶来，护着曹操，冲出火阵的封锁，成功逃脱。

遇到突发事件时，人们大多会产生惊慌情绪，但我们应该想办法控制这种情绪，把自己培养成像曹操一样稳如泰山、临危不乱的人，决不能一有风吹草动，便举止失措。

乾隆年间，纪晓岚曾在军机处做事。有一次，乾隆皇帝带着几个随从突然来到军机处，此刻的纪晓岚正光着膀子和几个办事人员闲聊。其他人一见皇帝来了，连忙上前接驾，只有高度近视的纪晓岚没有看出是乾隆皇帝走在后头，忽见其他人在前边接驾，不禁大吃一惊，心想：如果就这样光着膀子接驾，岂不犯了亵渎君王之罪？于是，他仓皇地钻到桌子下面藏了起来。

其实，他的举动早已被乾隆皇帝看在眼里，乾隆却佯装不知，故意在凳子上坐了下来。

纪晓岚在桌子底下缩成一团，大汗淋漓，却不敢出声。一个时辰过去了，纪晓岚听不到乾隆说话的声音，以为他已经走了，就探出头来低声问其他人：“老头子走了没有？”乾隆皇帝在一旁听得清清楚楚，立刻板起脸，厉声问道：“纪晓岚，你见驾不接，我且不怪罪于你。你叫我‘老头子’是什么意思？你要一个字一个字地给我讲清楚，否则可别怪我问你的罪！”

纪晓岚一听，无可奈何地从桌子底下爬出来，穿上衣服，俯伏在地，连称：“死罪！死罪！”接着慢条斯理地解释道：“万岁不要动怒，奴才所以称您为‘老头子’，确是出于对您的尊敬。先说‘老’字，‘万寿无疆’称‘老’，我主是当今有道明君，普天之下皆呼‘万岁’，因此称您为‘老’。”乾隆听后，点了点头。

纪晓岚接着说：“‘顶天立地’称为‘头’，我主是当世伟大人物，是天下万民之首，‘首’，‘头’也，故此称您为‘头’。”

乾隆皇帝边听边眯着眼睛笑，看得出来很是满意。

纪晓岚见状，又不慌不忙地说道：“至于‘子’字，意义更明显。我主乃紫微星下凡，是天之骄子，因此天下臣民都称您为天‘子’。”纪晓岚说到这里，停了停，又说：“皇上，这就是我称您为‘老头子’的原因。”

乾隆皇帝高兴地点了点头，不再追究他的罪过。

所谓“急中生智”，这种本能是学不来的。“兵圣”孙子说：“此兵家之胜，不可先传也。”临机应变，固然不可先前一一传授，但唯有不慌乱、不急躁，才能灵机一动，想出妙计。

《菜根谭》上说：“忙处不乱性，须闲处心神养得清；死时不动心，须生时事物看得破。”这告诉人们，在忙碌的时候不要乱了自己的本性，需要平时的修心养神；即便是面对死亡也毫不畏惧，必须在日常生活和人际交往中看清事物的真相和规律。君子时常以平常的心态等待命运的安排，但绝对不是听天由命不做任何努力，而是用平静的心态去面对现实生活中的一切。

4. 目的一个，手段要多

常言道："条条道路通罗马。"也就是说，同一个目标，许多途径都可以达到。用曹操的话讲就是：目的一个，手段要多。

董承家奴庆童与董承侍妾有染，董承发现后欲杀之，夫人劝免其死，各人杖责四十，锁于冷房。庆童由此怀恨在心，连夜跳墙而出，径入曹操府中，告有机密事。曹操唤其入密室相问。

庆童道："王子服、吴子兰、种辑、吴硕、马腾五人在家主府中商议机密，必然是谋丞相。家主将出白绢一段，不知写着什么。近日，吉平咬指为誓，我也曾见。"庆童藏于曹操府中，董承只以为其已逃往他方，不再追寻。

次日，曹操诈患头风，召吉平用药。吉平自思道："此贼合休！"暗藏毒药入府。曹操卧于床上，令平下药。吉平道："此病可一服即愈。"教取药罐，当面煎之。药已半干，平已暗下毒药，亲自送上。操知有毒，故意迟延不服。吉平道："乘热服之，少汗即愈。"

曹操起来道："汝既读儒书，必知礼义。君有疾饮药，臣先尝之；父有疾饮药，子先尝之。汝为我心腹之人，何不先尝而后进？"

吉平道："药以治病，何用人尝？"吉平知事已泄，纵步向前，扯住操耳而灌之。操推药泼地，砖皆迸裂。

曹操未及言，左右已将吉平拿下。曹操道：“吾岂有疾，特试汝耳！汝果有害我之心！”遂唤二十个精壮狱卒执平至后园拷问。曹操坐于亭上，将吉平缚倒于地。吉平面不改色，略无惧怯。曹操笑道：“量汝是个医人，安敢下毒害我？必有人唆使你来。你说出那人，我便饶你。”

吉平叱之道：“汝乃欺君罔上之贼，天下皆欲杀汝，岂独我乎！”曹操再三逼问，吉平怒道：“我自欲杀汝，安有人使我来？今事不成，惟死而已！”曹操大怒，教狱卒痛打吉平。打了两个时辰，吉平全身皮开肉裂，血流满阶。曹操恐打死吉平，无可对证，便令狱卒将其揪去静处，权且将息。

之后，曹操传令次日设宴，请众大臣饮酒，惟董承托病不来。王子服等皆恐曹操生疑，只得俱至。曹操于后堂设席，酒行数巡，道：“筵中无可为乐，我有一人，可为众官醒酒。”教二十个狱卒：“与吾牵来！”须臾，只见一长枷钉着吉平，拖至阶下。曹操道：“众官不知，此人连结恶党，欲反背朝廷，谋害曹某；今日天败，请听口词。”曹操教先打一顿，昏绝于地，以水喷面。

吉平苏醒，睁目切齿而骂道：“操贼！不杀我，更待何时！”

曹操道：“同谋者先有六人，与汝共七人耶？”吉平只是大骂。王子服等四人面面相觑，如坐针毡。曹操教一面打，一面喷。吉平并无求饶之意，曹操见其不招，且教牵去。

众官席散，曹操只留王子服等四人夜宴。四人魂不附体，只得留待。曹操道：“本不相留，怎奈有事相问。汝四人不知与董承商议何事？”

王子服道：“并未商议甚事。”

曹操道：“白绢中写着何事？”王子服等皆隐讳，操教唤出庆童对证。

王子服道："汝于何处见来？"

庆童道："你回避了众人，六人在一处画字，如何赖得？"

王子服道："此贼与国舅侍妾通奸，被责诬主，不可听也。"

曹操道："吉平下毒，非董承所使而谁？"王子服等皆言不知。

曹操道："今晚自首，尚犹可恕；若待事发，其实难容！"王子服等皆言并无此事，曹操叱左右将四人拿住监禁。

次日，曹操带领众人径投董承家探病，董承只得出迎。

曹操道："缘何夜来不赴宴？"

董承道："微疾未痊，不敢轻出。"

曹操道："此是忧国家病耳。"董承愕然。

曹操道："国舅知吉平事乎？"

董承道："不知。"

曹操冷笑道："国舅如何不知？"唤左右："牵来与国舅起病。"董承举措无地。须臾，二十狱卒推吉平至阶下。

吉平大骂："曹操逆贼！"

曹操指谓董承道："此人曾攀下王子服等四人，吾已拿下廷尉。尚有一人，未曾捉获。"因问吉平道："谁使汝来药我？可速招出！"

吉平道："天使我来杀逆贼！"曹操大怒教打。一时间，吉平身上无容刑之处。董承在座视之，心如刀割。

曹操又问吉平道："你原有十指，今如何只有九指？"

吉平道："嚼以为誓，誓杀国贼！"

曹操教取刀来，就阶下截去其九指，道："一发截了，教你为誓！"

吉平道："尚有口可以吞贼，有舌可以骂贼！"曹操令割其舌。吉平道："且勿动手，吾今熬刑不过，只得供招，可释吾缚。"

曹操道："释之何碍？"遂命解其缚。

吉平起身望阙拜道："臣不能为国家除贼，乃天数也！"拜毕，撞阶而死。

曹操见吉平已死，教左右牵过庆童至面前。曹操道："国舅认得此人否？"

董承大怒道："逃奴在此，即当诛之！"

曹操道："他首告谋反，今来对证，谁敢诛之？"

董承道："丞相何故听逃奴一面之说？"

曹操道："王子服等吾已擒下，皆招证明白，汝尚抵赖乎？"即唤左右拿下，命从人直入董承卧房内，搜出衣带诏并义状。曹操看了，笑道："鼠辈安敢如此！"遂命："将董承全家良贱，尽皆监禁，休教走脱一个。"

曹操不仅奸诈，而且疑心特别重。为了除掉朝中异己，他抓住吉平这条线索，用宴会、质问、搜家等形式，探出反对自己的朝中党羽，其前后过程可谓机关算尽。曹操知道，在朝中，只要他拥有谋杀之证，就完全可以将对立派拉下马来。但在查明、取证中也存在着一个棘手的问题，即如何探知别人的底细。为了解决这一问题，曹操在宴会中以惊恐之态来判断，（其手法为先打草后惊蛇的伎俩）逼迫董承就范。就这样，曹操用一惊一乍的伎俩揪出了谋害自己的团伙。可见，打草见大蛇，使诈有奇效。

虽然上述故事显示了曹操阴毒的一面，但事物皆有两面性，不能因为曹操阴险就忽略了这种"目的只有一个，手段可以很多"的做法。在某些场合，这种对策不失为一种上上之策。

比如，在激烈的商业竞争中，为了摸清竞争对手的真实情况，我们需要打破常规交流，采取不同的手段来探知对方的"老底"。另外，当我们也采用不同的手段来迂回或者婉转地向上级领导提出不同的意见时，或许会更容易达到目的。

春秋时期的晋国，晋灵公即位不久便大兴土木，修筑宫台楼阁，以供自己和嫔妃们寻欢作乐。有一次，他突发奇想，要建造一座九层高的楼台。可在当时的条件下，修筑如此宏大的工程需要耗费大量的人力、物力，这无疑会给老百姓带来沉重的负担，也会进一步削弱国力，因此，举国上下皆反对。但晋灵公就是不肯罢手，并且在上朝的时候对大臣说："敢有劝阻建楼台者，立即斩首！"一些明哲保身的大臣都噤若寒蝉，不敢作声。

有一天，一个叫荀息的大夫求见。晋灵公以为他是来劝谏的，便命手下人拉弓引箭，只要荀息开口劝说，就马上放箭射死他。荀息进来后，表现得非常轻松自然，他笑嘻嘻地对晋灵公说："大王，我今天特地来表演一套绝技给您看，让大家开心开心。不知道大王有没有这个兴趣呢？"晋灵公一听，连忙问道："是什么绝技？快表演给我看看！"荀息见晋灵公"上钩"了，便说："大王，我可以把九个棋子一个一个叠起来，然后再在上面放九个鸡蛋。"

晋灵公一听，觉得很新鲜，就急忙说："我从没有听说过，也从来没见过这种事，今天就请你给我摆摆看！"晋灵公叫人拿来棋子和鸡蛋，荀息便动手摆了起来。他先是将九个棋子小心翼翼地堆起来，然后又慢慢地将鸡蛋放置在棋子上。只见他先是放上一个鸡蛋，然后又放第二个、第三个……这时，大厅里的气氛非常紧张，围观的大臣们全都屏住了呼吸，生怕荀息一不小心将鸡蛋打破。晋灵公看到这样的情景，禁不住大叫出来："这太危险了！这太危险了！"晋灵公刚说完，荀息就从容不迫地说："大王，我倒是不觉得这有什么危险，还有比这更危险的呢！"晋灵公觉得奇怪，便迫不及待地说："是吗？那你快表演给我看！"这时，荀息一字一句、非常沉痛地说："九层之台，造了三年，还没有完工。而这三年的时间里，男子不能在田地里耕种，女子不能在家里纺织，全都在工地上搬运木头、石块。国库里的金银也快用光了，士兵们得不到给养，没有金属铸造武器，而邻国正在计划乘机侵略我们。这样下去，国家很快就要灭亡了。到那时，大王将怎么办？这难道不比垒鸡蛋危险得多吗？”晋灵公听到这可怕的警告，不由得吓出一身冷汗，这才意识到自己干了一件多么荒唐、危险的事，当下便对荀息说：“建造九层之台，是我的过错啊！”于是立即下令停止修造。

古语说“伴君如伴虎”，稍有一句话不慎，就可能人头落地，性命不保。荀息深知此意，并没有犯颜直谏，而是用了一点小手段，引晋灵公入局，从反面指出他的过错，令他警醒。现代人际交往中，虽然不会存在这种危险的境况，但是当你耿直的秉性受阻的时候，不要一味坚守，而应该学会变通，巧妙地从另一个角度入手，这是为人处世的上策。

当然，这不仅仅局限于为人处世上，跳出这个思维后，你会发现，这个智慧其实包含了一个很深刻的哲理，它能延伸出很多事情。比如，在明确一个目标之后，我们要做的一件很重要的事，就是选取通往目标的路。我们应该清醒地认识到，通往成功的路往往不是一以贯之的“单行道”，而是岔路叠生、错综复杂的“迷宫”。只有充分发挥自己的能动性，不断地用探索“裁弯取直”，才能以最短途的走法走向终点。

5. 深谙世事，学会变通

曹操是乱臣贼子一说，似乎是历史定论，就连京剧舞台上，曹操也被演绎成了奸臣，高唱：“世人骂我奸，我笑世人偏。为人少机变，富贵怎双全？”仔细想想，这句话的确有些味道。

世人口中的“奸雄”，京剧里的白脸，《三国演义》中的无数故事都把曹操说成是奸诈的国贼。正所谓“功首罪魁非两人，遗臭流芳本一身”，好像这才是对曹操公正的评价。但是，他所宣称的“如国家无孤一人，真不知几人称帝几人称王”的直率坦言又不能不使人重新认识曹操。

其实，曹操一开始并没有想过要做挟天子以令诸侯的乱臣贼子，而是想做一个经世报国的能臣。曹操20岁被举为孝廉，担任郎官，不久就被授予洛阳北部尉的官职，负责洛阳的治安工作。为了彻底整顿洛阳的不良风气，也为了立威，曹操不惜得罪权贵，打杀了违反禁令的宦官蹇硕的叔叔。后来，曹操在《让县自明本志令》中这样说：“孤始举孝廉，年少，自以为本非岩穴知名之士，恐为海内人之所见凡愚。欲为一郡守，好作政教，以建立名誉，使世士明知之。”这段话的大致意思是：自己年纪轻，没有资本，为了证明自己有能力做一个好官，就得做出点大事来，让人们知道自己的名声和能力。由此可见，曹操的初衷是想做个好官。

其实，据当时的情况，曹操的能臣之路根本走不通。曹操入仕时是灵帝熹平三年（公元174年），这个时候是东汉最为昏暗、混乱的年代，宦官当道、奸臣横行、外戚专权、军阀称雄、贪官捞钱，吏治极其腐败，买官卖官现象非常严重，朝廷卖官明码标价、公开招标。做官就是一种买卖，哪怕是朝廷任命的官员，也要交公开价码的一半。这些钱当然不会由当官者自己掏腰包，全都是从老百姓那里盘剥来的。有个叫司马直的人，为人正直，被朝廷任命为太守，刚刚上任，就要他交钱，司马直为官清廉，拿不出这么多钱，最后减免了三百万钱，还要交七百万钱。司马直感叹说："为民父母，还要盘剥他们，于心何忍!"于是，他辞官不做，朝廷以为他不肯出钱，就没有准许。司马直万般无奈，只好自杀。司马直临终前留下遗书，痛斥这种做法必然亡国。由此可见，东汉末期朝纲腐败到了极点。

曹操刚开始还怀着满腔热血积极为政，觉得为官一郡就要肃清一方。但这只不过是杯水车薪，其结果是"政教大行，一郡清平"。那些被收拾的人找岔子告状，所以曹操被频繁地调动。这下，曹操彻底看透了官场，他深恨报国无门，于是辞官归乡。

这时，灵帝死了，留下两个十来岁的孩子刘辩和刘协。时局更加动乱，宦官专权，大将军何进想除掉宦官，彻底肃清东汉积弱不振的局面，但是怕力量不够，于是依袁绍之计请西凉太守董卓进京除奸。哪知请神容易送神难，这董卓是一个不折不扣的奸贼，无恶不作，祸国殃民。朝中正直的大臣苦于没有除奸之策，放声大哭。这时，曹操自请以献刀为名去刺杀董卓，不料行刺失败，只好连夜逃走。后来，他又积极联合河北名流"四世三公"袁绍，讨伐董卓，要为汉朝除去这个毒瘤。

结果，虽然袁绍被推举为盟主，十八路诸侯也约定要一同讨伐董卓，但他们各怀心事，都按兵不动。曹操大呼："举义兵诛暴乱，诸君何疑？一战而定天下矣，岂可失也?"但没有人响应，曹操只好孤军奋战。势单力薄的曹操自然不是董卓的对手，还险些丧命。这时，曹操不得不认真审视当今天下的形势。他认定汉朝气数已尽，所以回乡募勇，准备建立自己的军事力量。

曹操是一个懂得变通的人，当他看到自己想成为一个治世能臣的梦想不能在分崩离析的东汉末年实现后，便立即放弃了这条路，重新规划自己的人生。如果站在曹操的角度上来分析，他的选择是明智的。他知道，只有适应了变化的环境，才能够在乱世中成就一番事业。如果拘泥守旧，不懂得变通，最终结果只会是死路一条。

有人说“时势造英雄”，也有人说“英雄造时势”，这两种说法都有一定的片面性。因为一个人之所以能够成为英雄，必定是受到了当时环境的影响，但没有自己的努力是行不通的；当他成为了真正的英雄，便能够翻手为云，覆手为雨，改变环境。不过，要想成为英雄，就必须学会适应环境。

古人云：“有志者，事竟成。”这的确是很好的教诲。想要事业有成，就必须具备恒心和毅力，朝着目标走，不要犹豫不决。但是，我们也应该看到，要实现目标，还有许多客观因素要考虑。很多事情要考虑天时、地利、人和，并非只凭满腔热忱就能解决。因此，我们要适时地调整自己，朝着正确的方向迈进。

美国石油大王洛克菲勒就向我们证实了这一点。

洛克菲勒年轻的时候曾在美国某个石油公司工作。那时，他所从事的只是一项普通工作，就是巡视并确认石油罐盖有没有自动焊接好。

他每天面对这项枯燥无味的简单工作，感到非常厌烦，想换个工作。但他学历不高，又没什么一技之长，所以根本找不到工作。没办法，他只好继续耐心工作。有一次，他发现石油罐盖每旋转一次，焊接剂就会滴落39滴。他脑子里突然有了灵感：如果能将焊接剂减少两滴，不就能节约成本了吗？

从那以后，洛克菲勒潜心钻研，研制出了“37滴型”焊接机。但利用这种焊接机焊接出来的石油罐，偶尔会漏油，并不实用。面对失败，他没有放弃，仍继续研制，最终研制出了“38滴型”焊接机，焊接出来的石油罐外形非常完美。公司对他的发明非常重视，并生产出了这种机器。尽管只节省了一滴焊接剂，却给公司带来了每年5亿美元的利润！

正如诺贝尔奖得主莱纳斯·波林说的：“一个好的研究者知道应该发挥哪些构想，而哪些构想应该丢弃。否则，就会浪费很多时间在无谓的构想上。”有些事情，即使你做了很大的努力，并为之坚持不懈，但最终还是有可能一无所获。这时，你需要退出来，重新研究，寻找对策。

当原定的目标不能实现时，我们需要放弃偏执，换一种方式去努力，寻找新的成功机会。

6. 兵不厌诈，巧用手段

在《君主论》中，马基雅维利提出了一个惊世骇俗的观点：“君王须兼具狮子的凶残与狐狸的狡诈，为达到政治目的，可以不择手段。”日常生活中，我们做事当然不能不择手段，但运用一些小技巧、小手段和小计策，未尝不可。

曹操少年时，不好好求学读书，吃喝玩乐倒是样样精通。对这个整日游荡无度的孩子，曹操的叔叔很是看不惯，一再向曹操的父亲曹嵩告状。曹操对此很不耐烦，便设下一计，准备小小报复一下自己的叔父。一天，他远远地望见叔叔走来，便立刻扑倒在地，手脚抽搐，假装犯了羊癫风的样子。叔父见了大急，连忙去呼叫曹操的父亲。等曹父赶来，曹操又活蹦乱跳得像个没事人一样。曹父说："听你叔叔说你发病，现在好了吗?"曹操平静地说："孩儿自来没有什么病，只是叔叔不喜欢孩儿，所以才这么说的。"事实摆在眼前，不由得曹父不信。其后，曹操叔叔再去告曹操的状，曹父都持怀疑态度。清除叔叔这层障碍后，曹操变得更加肆意妄为、无法无天。

这里为我们呈现的是一个机智又顽皮的孩童形象，但是从其中也不难看出曹操少时虽放荡，却有"计谋"过人的特点。他为人处世讲求方法，懂得用脑，这一点在他日后的成长过程中也有所体现。

孙子曰："兵者，诡道也。"在孙子眼里，用兵是一种诡诈的行为。而《韩非子·难一》有言："臣闻之，繁礼君子，不厌忠信；战阵之间，不厌诈伪。"这正是"兵不厌诈"的出处，在军事上，伪诈诡道不仅被默许，而且大行其道，蔚然成风。

元朝末年，陈友谅占据江州后，率所有兵力顺流而下，去攻打心腹大患朱元璋。公元1360年，陈友谅大军攻占了采石（今安徽省马鞍山市长江东岸）和太平（今安徽当涂）两地，随后又率庞大水军进逼应天（今江苏南京）。

大兵压境，朱元璋的部下将士都很紧张。因为陈友谅的水军是朱元璋的十倍，他们又善于水上作战。当时有不少人主张撤退或投降。而朱元璋则听取了刘基的建议，决定诱敌深入，打伏击战。

朱元璋召来康茂才，让他写一封诈降信给陈友谅。这个康茂才原来曾是元朝降将，本是陈友谅的旧友，朱元璋认为他是诈降的合适人选。

康茂才欣然答应，立刻修书一封，信上说："建议兵分三路进攻应天，茂才把守应天城外江东桥，愿为内应，打开城门，直捣帅府，活捉朱元璋……"随后派一名老仆将信送去。

陈友谅收到了康茂才的投降信，心中兴奋不已。他当即对老仆人说："我马上分兵三路取应天，到时以'老康'为暗号，但不知茂才所守之桥是木桥还是石桥。""是木桥。"老仆答道。

第二天，陈友谅亲率数百艘战船顺江而下。当先头部队到大胜港时，遭到了猛烈狙击，无法登岸，而且由于新河航道狭窄，陈友谅只好直奔江东桥，以便和康茂才里应外合。当水军船队行驶到江东桥时，陈友谅却发现那是一座石桥，心中顿生疑惑。原来，朱元璋为了防备康茂才弄假成真，真投降了陈友谅，已于当天夜里把木桥改成了石桥。

陈友谅不敢迟疑，急命部下高喊"老康"，结果竟无人答应，方知中计，便急令陈友仁率水军冲向龙湾。几百艘战船聚集于龙湾水面，陈友谅下令一万精兵抢先登陆，企图水陆并进，强攻应天城。

此时，只见卢龙山顶上黄旗挥动，战鼓齐鸣，朱元璋麾下大将徐达、常遇春率军分从左右杀来，先行登陆的一万精兵顿时被冲得大乱。尽管陈友谅大声呼喝，但仍然制止不住，败军逃到江边，蜂拥登船。陈友谅急令开船，哪料正当退潮之际，近百条战船全部搁浅，徐达与常遇春趁势上船追杀，陈友谅溃不成军，只好跳进小船逃跑了。

在和陈友谅的对抗中，朱元璋的实力明显处于下风，但他巧施诈降之计，诱敌深入，从而大败敌军先头部队，在挫伤了敌军锐气的同时，也鼓舞了己方的士气。更关键的是，此战改变了双方的力量对比，让自己掌握了战场上的主动权。

如今是和平时代，但“兵不厌诈”这条古训却同样有着广泛的市场，甚至在国外也被人运用得炉火纯青。

美国某公司与日本一家公司正在进行一场旷日持久的贸易谈判。

谈判开始后，先由美方代表发言。美方代表面面俱到地介绍了己方的立场、态度和具体措施，日方代表只是埋头记录。美方代表发言结束后，向日方代表征求意见，但所有日方代表都是你看我、我看你，一副迷茫的表情。美方代表不知出了什么事情，感到很奇怪，日方代表则说：“我们不明白。”美方代表问哪些地方不明白，日方代表回答：“都不明白。”最后还补充了一句：“请允许我们回去研究一下。”美国人一看，只得作罢，第一轮谈判就这样结束了。

数周后，美、日又开始了第二轮谈判。令美方代表感到奇怪的是，这次的日方代表全是新面孔。没办法，美方代表只好从头开始，将美方的立场、态度、具体措施逐一做了耐心细致的介绍。日方代表认真地做着记录，中间没有一个人打岔。美方代表介绍完毕，向日方代表征求意见，日方代表又是大眼瞪小眼，谁也不开口说话。美方代表再次征询意见，日方代表说话了：“我们不明白。”这和第一次谈判时如出一辙。日方代表提出休会，他们要回去研究，美方代表只好同意。

这场马拉松式的谈判先后持续了半年多，被激怒的美国谈判代表大骂日本方面毫无诚意。谁知，就在这时，日本公司的代表团突然飞至美国。这一次，不待美国人开口，他们就拿出了精心准备好的方案，以无可挑剔的语言与美国人讨论所有的细节，美国公司的代表毫无准备，最终只好与日本公司签订了一个对日方明显有利的协议。

在处理现实问题时，“兵不厌诈”不应该只是被当作一个贬义词，它完全可以理解为我们做事时要懂得灵活变通、巧用手段、善用计谋。如果能够以一种合理而又合法的“诡诈”方式圆满达成目标，何乐而不为呢？

鲁迅先生说：“中国是古国，历史长了，花样也多，情形复杂，做人也特别难。我觉得别的国度里，处事法总还要简单，所以每个人可以有工夫做些事；在中国，则单是为生活，就要花去生命的几乎全部。”为了适应这种现实，在处事时，每个人都应多长些心眼，巧用一些方法、谋略和手段。

第八章

恩威并施，赏罚分明的领导艺术

曹操虽得“一代奸雄”之称，但其在为人方面却颇通方圆之道：其方者以诚相待，取信于人，虚怀若谷，决不食言；其圆者我行我素，机智灵活。此一刚一柔、一阴一阳之道，可谓烂熟于曹操胸中。施恩时，其恩泽深似海；发威时，其威风镇八方。赏之则毫不吝啬，罚之则铁面无私，仰望曹公，谁人敢不汗颜？

1. 严以律己，以身作则

著名教育家卡托说：“我可以原谅任何人的过错，但自己的除外。”能够做到“严以律己，以身作则”，处处以高标准、严要求来约束自己的人，才能走得更远。

曹操时常随军队外出征战，他发现在中原一带，由于连年战乱，人民四处流散，田地荒芜，于是就采纳了部将的建议，下令让士兵和老百姓实行屯田。经过大力推广，这一政策收到了成效，荒芜的田地都种上了庄稼，老百姓安居乐业，而部队也有了军粮。

可是，有些士兵不懂得爱护庄稼，常有人在农田里乱跑，踩坏庄稼。曹操知道后很生气，便下了一道极其严厉的命令：全军将士，一律不得践踏庄稼，违令者斩！

将士们都知道曹操一向军令如山，令出必行，令禁必止，决不姑息宽容。所以此令一下，将士们都小心谨慎起来，唯恐犯了军纪。将士们操练、行军经过农田时，总是小心翼翼地通过。有时，将士们看到路旁有倒伏的庄稼，还会过去把它扶起来。

有一次，曹操率领士兵们去打仗。那时正好是小麦成熟的季节，曹操骑在马上，望着一望无际的金黄色的麦浪，心里十分高兴。

就在这时，突然"扑刺刺"一声，从路旁的草丛里蹿出了几只野鸡，从曹操的马头上飞过。曹操的马被这突如其来的情况惊到了，嘶叫着狂奔起来，跑进了附近的麦地。等到曹操使劲勒住惊马，地里的麦子已经被踩倒了一大片。

看到眼前的情景，曹操把执法官叫了来，十分认真地对他说："今天，我的马踩坏了麦田，违犯了军纪，请你按照军法给我治罪吧！"

听了曹操的话，执法官犯了难。按照曹操制定的军纪，踩坏了庄稼，是要治死罪的。可曹操是主帅，军纪也是他制定的，怎么能治他的罪呢？

想到这，执法官对曹操说："丞相，按照古制'刑不上大夫'，您是不必领罪的。"

“这怎么能行?”曹操说，“如果大夫以上的高官都可以不受法令的约束，那法令还有什么用处?何况这糟蹋了庄稼要治死罪的军令是我下的，如果我自己不执行，怎么能让将士们去执行呢?”

“这……”执法官迟疑了一下，又说：“丞相，您的马是受到惊吓才冲入麦田的，并不是您有意违反军纪，我看还是免于处罚吧!”

“不!你的理不通。军令就是军令，不能分什么有意无意，如果大家违反了军纪，都去找一些理由来免于处罚，那军令不就成了一纸空文吗?军纪人人都得遵守，我怎么能例外呢?”

执法官头上冒出了汗，他想了想又说：“丞相，您是全军主帅，如果按军令从事，那谁来指挥打仗呢?再说，朝廷不能没有丞相，老百姓也不能没有您呐!”

众将官见执法官这样说，也纷纷上前哀求，请曹操不要处罚自己。

曹操见大家求情，沉思了一会儿说：“我是主帅，治死罪不适宜。不过，不治死罪，也要治罪，那就用我的头发来代替我的首级吧!”说完便拔出了宝剑，割下了自己的一把头发。

将士们看到曹操如此严以律己，心里都很佩服，他们私下里常说：“丞相不是故意践踏麦田，尚且受罚，以后可千万不要违反军纪啊。”

严于律己、以身作则、率先垂范，这是一种领导艺术，作为领导者的曹操对此术运用得可谓出神入化，因此得到了广大将士的拥戴。严于律己、以身作则对于今日各行各业的领导者、管理者也有着广泛的借鉴意义。

榜样的力量是无穷的，与其喊破嗓子，不如做出表率。只有以身作则，以实际行动去影响人、激励人，才能起到事半功倍的效果。如果不学无术、夸夸其谈，说得多、做得少，就会使下属失望，挫伤他们的积极性，增大团队的“离心力”。

“其身正，不令而行；其身不正，虽令不从。”以自己的行动去带动别人，实际上也是对越轨行为的无声批评，其效果是正面批评无法代替的。

有一句话叫“善为人者能自为，善治人者能自治”。一个公司的业务能否在激烈竞争的潮流中得到发展，关键之处还在于领导者是否有正确的自律意识。领导者只有身体力行，以身作则，才能建立起人人遵守的工作制度。比如，要求公司的职员遵守时间，领导首先要做出榜样；要求下属对自己的行为负责，领导也必须明白自己的职责，并对自己的行为负责。只有以身作则的领导，才能调动下属工作的自觉性，推动工作朝着好的方向发展。

创造了“联想”神话的柳传志也有许多传奇故事，其中有一则便是关于他严于律己的。

联想集团建立了每周一次的办公例会制度，有一段时间，一些参会的领导由于多种原因经常迟到，大多数人因为等一两个人而浪费了宝贵的时间。柳传志决定，补充一条会议纪律，迟到者要在门口罚站5分钟，以示警告。纪律颁布后，迟到现象大有好转，被罚站的人很少。有一次，柳传志因特殊情况迟到，他走进会场后，大家都等着他将如何解释和面对。柳传志先是一个劲儿地道歉、解释原因，然后便自觉地在大门口罚站了5分钟。

领导者的言行举止是下属关注的中心和模仿的样板，一举一动不仅直接影响自己的形象，还会影响下属的士气，进而影响到组织的气氛乃至成败。如果身先士卒，必然会感染到无数下属，所带领的部门也会蓬勃向上，充满生机和活力；反之，如果畏缩不前，整个组织也必然会弥漫着失败的情绪，士气低落，缺乏战斗力。

如果领导不能以身作则，反而拿放大镜去苛求下属，那么下属亦会反过来拿放大镜来要求主管。宽于律己、苛以待人的领导是下属最厌恶的上司，也最容易造成管理上的冲突，致使下属产生“多做多错，少做少错，不做不错”的心态，或者“上行下效”模仿上司的无所作为。

古希腊哲学家柏拉图说：“自制是一种秩序，一种对于快乐与欲望的控制。”不仅是管理者，对现实生活中的每个人来说，严于律己也是一条非常重要的做事之道。只有处处以高标准、严要求来规范自己的言行，才能抵制各种诱惑，战胜自己的各种缺点，心无旁骛地前行。

2. 恩威并举，软硬兼施

提及谋略，尽管其中有很多学问，可综合一下，不外乎“软”和“硬”两个字。不论是对自己，还是对手下，曹操的过人之处就是善变多变，因时而异，因人而异。他对敌人通常是软硬兼施：他对袁绍先软后硬；对张绣先硬后软；对黄巾军软硬并举。

当年，曹操和鲍信以寿阳为战场，攻打青州的黄巾军。曹操和鲍信深入前线考察敌情而被包围，鲍信为救曹操战死。曹操化悲痛为力量，带领军队对黄巾军穷追猛打，连续数十次的大小会战使黄巾军无法喘息，士气衰竭。这时，曹操突然改变策略，尽量避免杀戮，展开招安工作，同时步步进逼。最终，被围困在济水的黄巾军主力在曹操的策动下，全部投降。曹操非常高兴，立即宣布，对黄巾军的前事既往不咎。

曹操将黄巾军内的老弱病残全部遣返回家，而后又挑选了三十万精壮人员，重新组编为“青州军”。生平第一次，曹操拥有了打天下的精锐兵团。剿平青州黄巾军，使曹操的事业向前迈进了一大步，他不但获得了全州郡县官民对他的信赖，还在实际上控制了兖州境内所有的兵团，成为了真正有实力的竞争者。

曹操一方面以武力进逼，另一方面攻心招安，结果名利双收。由此可见，一个国家、一支军队力量的强大，不仅仅体现在作战能力上，更重要的是军事力量带来的威慑力。聪明的将帅总是能够刚柔并济，懂得恩威并重、软硬兼施的管理艺术，这也是一些领导人的魅力所在。

刚柔并济自古便是王者的治人之道，对于那些混乱的社会秩序，要采用特殊强硬的手段进行治理，而对于柔弱的国民，则要以宽容温和的态度加以体恤和支持。

曹操采取恩威并重的战略思想，本质上是一场与对手的勇气与智慧的较量。面对不同的人，曹操会有不同的对待方式。他认为，要治人，必须做到红白脸相间，要一文一武、一张一弛，既要刚柔并济，也要恩威并重，互相包含，各尽其用。

在第二次世界大战中，高斯将军也用了此法。在一次重大战役中，高斯将军负责指挥全局，并制订了详细的战略计划，但由于他的副官擅自行动，导致战局最终失利。

单就这一点来看，那位副官就应该受到严厉的军法处置，而且当时许多人都要求把他交付军事法庭定罪。不受处罚难平众怒，但如果真这样做了，高斯将军就会失去一员勇将。

高斯将军考虑到这位副官的军队也付出了惨重的代价，因此必须让这位副官深刻地认识到自己的错误，以免重蹈覆辙，造成不可挽回的损失。

于是，高斯将军思考片刻后，面对心怀悔恨的副官，缓缓说道："你作为我的副官，就如同我的左膀右臂，你所担负的责任就是指挥好你的部队，注意不受到敌军的偷袭，并且在战争开始后负责侦查情报，然后向我报告，以便随时调整作战计划。但令人失望的是，你在这次决定性的战役中犯下了这么大的错误！"副官双目垂下，不敢正视高斯将军，笔直地站着，一动不动。

高斯将军继续说道："你擅自行动，贸然出击，造成我们在不明情况的形势下，仓促投入战斗，这种盲目作战使我们遭受了巨大损失。不过，现在我们能活着是上帝给予的保佑。"

副官听后，额上冒出了一层细汗，内疚地说："高斯将军，责任完全在我。"

副官的表现说明，他的内心也在严厉谴责自己的过失。高斯将军看到这种情形，继续对副官说："你当时可能是被愤怒冲昏了头脑，这是年轻人最忌讳的。现在既然一切都过去了，我对你所能说的是，不可再那样做了。"责备训斥完后，高斯将军想让紧张而严肃的气氛逐渐缓和下来，他沉默了好一会儿，目的是让刚才的话深入这位副官的内心，让他有时间进行深刻的反省，以达到预期的目的。

果然，这位副官表情凝重地取下腰间的枪，双手托着，缓缓递到高斯将军面前。高斯将军并没有立刻接过，他把手背在身后。副官看着高斯将军说："由于我的失职，部队损失惨重，我不配再当他们的长官，也辜负了您对我的信任。"这时，高斯将军喝止了他，说："我现在要的不是你交枪给我，辞职逍遥，我需要的是一位过而能改的得力军官，明天还要继续战斗。你在我的部下多年，我很了解你的为人，你所做出的贡献是其他同职位的军官所无法匹敌的。以前的多次战斗你都表现得十分出色，这次……”将军做了一个停止的手势，继续说，“就此打住吧，我们现在需要把这件事抛在一边，准备投入新的战斗！”

高斯将军的批评教育感动了这位副官，同时也激发了他的战斗士气。在后来的战役中，这位副官一改之前的鲁莽，出色地完成了任务，使高斯将军抓住了战争的主动权，赢得了战争的胜利。

我国历史上也有许多君王善用恩威并重的手段治理国家的事例。

为了平定天下，安抚民心，汉文帝对汉朝周边的蛮夷族部落皆施以恩德，对南越王赵佗尤其厚待。文帝不仅明令将赵佗双亲的墓地所在地赐为他的领地，还派人按时祭祀，同时任命赵佗的亲属担任高官，给予了许多恩赐。

赵佗为此感动不已，向文帝请罪：“从前我意气用事，看到吕后听信长沙王的谗言，挖我祖坟，诛杀我的同族，我便针锋相对，以牙还牙，在这蛮荒之地胡作非为。我现在虽自称南越武帝，那不过是我自欺欺人、自我陶醉罢了，两贤不能并世，两雄不能并立，从此之后，南越的帝制统统废除，我们都是文帝的臣民。”可见，这种恩威并重的手段对于南越王这样的刚强人，也是非常有效的。

对于领导者来说，顾全大局、平衡内外势力也是恩威并施中的重要方法，能帮助许多人渡过危机。

有一次，曾国藩的弟弟曾国荃与总督官文发生了矛盾，于是曾国荃便上书弹劾官文。由于官文在朝中的势力很大，一时间，朝廷中的斥责全部指向了曾国荃。对此，慈禧太后也颇感为难。因为当时，慈禧既需要官文这样忠实的家奴，也需要曾国荃这样能斗的鹰犬。

曾国藩此时考虑良久，决定采取以柔克刚的办法来化解这次危机。曾国藩将密保官文提升的奏折送到了慈禧的手中。慈禧是个精明的人，她深知曾国藩不早不迟，恰好这时来封保官文的折子，无疑是在为弟弟描补，希望这件事能大事化小，就此打住。

曾国藩的这个态度使慈禧感到很欣慰。她认为，倘若曾国藩和弟弟站在一边，坚决与官文为敌，事情就会变得更麻烦，毕竟曾国藩的面子还是要给的。最终，慈禧决定按督抚不和处置，将官文内调京师，以大学士掌管刑部，兼正白旗蒙古都统，调李鸿章为湖广总督。就这样，一场大风波平息了。

其实，恩威并举的态度交互使用，不但能帮助领导者在下属面前树立威信，同时还可以赢得下属的心，使其更尽心尽力地为自己效力。

3. 善用谋略，军纪严明

“大谋略治人，小谋略人治。”仅仅依靠个人好恶来管理天下的人，哪怕他们道德高尚，最终也难以达到法治的高度，不过是人治而已。

三国期间，曹操一直贯彻依法治国、依法治军的方针。建军初期，不论是势力还是人数，曹操都无法和袁绍相比。可是经过曹操“法治”的整治和调整，过了几个月，曹军将士士气高昂；而袁绍赏罚不明，听信谗言，最终导致部队士气低落，众叛亲离，被曹操所灭。

当年，曹操将吕布围困在下邳，吕布派张辽、郝萌等在深夜从刘备的营寨打开一个突破口，杀出重围，向袁术求救，袁术让吕布送来女儿作抵押。郝萌回来经过刘备营寨时，被张飞捉住。刘备押郝萌来见曹操，郝萌详细说了向袁术求救的经过，曹操大惊，如果袁术真来救吕布，里应外合，曹军将腹背受敌。于是，曹操勃然大怒，先杀了郝萌，再传军令：如果哪个营寨再把吕布或他的部下放跑了，一律按军法处置，严惩不贷。

刘备回来对关、张二人说：“咱们这个地方是要冲，要小心防守，别违反了军令。”张飞不满意，嘀嘀咕咕地说：“我抓了一个敌将，不奖赏我，反来吓唬我，搞不懂。”刘备说：“曹操率领这么多的大军，军令不严明，不依军法办事，怎么能服人呢？”看来，还是刘备了解曹操用兵的特点和苦衷。

中国最早明文公布的成文法是在春秋时期。

当时，郑国下大夫公孙楚聘定了一名容貌美丽的姑娘作未婚妻，上大夫公孙黑发现后便想夺归己有，并利用权势逼迫女方家庭接受了他的聘礼，两名大夫就这样争执了起来。郑国执政子产出面调解，决定由姑娘自己选择。

定亲那天，公孙楚、公孙黑同时来到姑娘家。公孙楚雄姿英发，武艺高超，被姑娘选中。公孙黑不甘心，事后伺机行刺，结果反被公孙楚打伤。公孙黑势力大，又确实负了伤，子产只好把公孙楚流放到外地去。公孙黑仍不罢手，准备用武力夺取那名姑娘与公孙楚全族的家产，公孙楚的族人进行反击。子产闻讯后，立即从外地赶回国都，令公孙黑自尽，平息了这场动乱。

这类事件在当时的贵族阶层中是常见的，为了使社会安定，不再让这些人胡作非为，执政子产在公元前536年制定了明确的法律条文，并把它铸造于铁鼎上，公之于众。

此后，各国效法，制定公布成文法就成了一种通例。由于当时还不会造纸，竹简是主要的书写材料，因此，国家法令也被人们称为"三尺法"。

汉武帝时，廷尉杜周断狱，完全以武帝的意图为转移。武帝试图惩罚的人，他就"因而陷之"，捏造罪名，加以治罪；武帝试图开脱的人，他就寻找理由，将其开释。他的朋友批评他"不循三尺法"，断狱不公平，杜周毫不掩饰地说："三尺安在哉？法律是皇帝去制定的，我根据皇帝现在的意图判案，有什么不对？"

廷尉是最高司法官，廷尉率先蔑视法律，下司便也纷纷仿效，结果导致武帝时的冤狱越来越多。文景之治时，全国每年断狱"仅至四百"；杜周掌刑时，一年"诏狱逮至六七万人，吏所增加十有余万"。官吏不循法，民众也就不守法，"闻有逮证，皆亡匿"，民风日下。

一个时代，特别是在一个动荡的时代里，政令的推行要靠法律的权威，而法律的权威则需要强硬的手段来推广。所以，为政若没有威严，百姓就无所畏惧，无所畏惧则法制混乱，如此一来，又怎能治理天下呢？

常言道，没有规矩不成方圆，只有法令严明，有法可依，才能更好地管理国家。

周亚夫是汉朝功勋卓著的将军，以英勇善战、严守军纪著称。有一次，汉文帝要亲自犒劳军队，先到达驻扎在灞上和棘门的军营，文帝一行直接骑马进入营寨，将军和他的部下都骑马前来迎送。接着，文帝到达细柳的军营，那里驻扎着周亚夫的军队。只见细柳营的将士们都身披铠甲，手执锋利的武器，拉着张满的弓弩。

文帝的先驱队伍到了，想直接进去，营门口的卫兵不让。先驱说："天子马上就要到了！"把守营门的军门都尉说："将军有令，'军队里只听将军的号令，不听其他指令。'"过了一会儿，文帝也到了，但仍然不被允许进入军营。

于是，文帝便派使者持符节诏告将军："我想进入军营慰劳军队。"周亚夫这才传达命令说："打开军营大门！"守卫军营大门的军官对文帝一行驾车骑马的人说："将军有规定，'在军营内不许策马奔驰。'"于是，文帝等人就拉着缰绳缓缓前行。一进军营，周亚夫手执兵器对文帝拱手作揖说："穿着盔甲的武士不能够下拜，请允许我以军礼参见陛下。"

见到周亚夫治军严明的情景，文帝不禁感动不已，表情变得十分庄重，手扶车前的横木称谢说："皇帝敬劳将军！"完成仪式后才离去。出了营门，群臣都表示惊讶。文帝说："这才是真正的将军！前面所经过的灞上和棘门的军队，就像儿戏一般，那些将军很容易被敌人用偷袭的办法将他们俘虏。如果像周亚夫这样，谁能够冒犯他呢？"一路上，文帝不停地称赞周亚夫，并传令重赏。

4. 造铜雀台，重赏奇兵

《孙子兵法》中讲道，对于军队的管理而言，无论赏罚都是一种管理手段。赏，鼓舞军心，引发斗志；罚，以儆效尤，以严军威。但不管是赏还是罚，都要遵循公开、公平的原则，如此才能收到意想之中的良好效果。

作为一名军事家，曹操深知这个道理。他赏罚下属的手段有很多，而且颇为与众不同。他的赏罚不单单是一种行为，而是注重把这些与荣誉结合在一起，更加人性化地管理部下。这一点在"铜雀台上重赏奇兵"这件事上表现得尤其明显。

曹操自赤壁之战大败之后，一心想一雪前耻，只是孙刘联盟让他有所顾忌。建安十五年春，铜雀台建造完成，于是，曹操大会文武于邺郡，设宴庆贺。是日，曹操头戴嵌宝金冠，身穿绿锦罗袍，玉带珠履，凭高而坐。文武众官立于两侧。

曹操欲观武官比试弓箭，于是派近侍将一领西川红锦战袍挂在垂柳枝上，下设一箭垛，以百步为界，分武官为两队，曹氏宗族俱穿红，其余将士俱穿绿，各带雕弓长箭、跨鞍勒马，听候指挥。曹操传令说："有能射中箭垛红心者，即以锦袍赐之；如射不中，罚水一杯。"号令方下，红袍队中，一个少年将军纵马而出，众视之，是曹休。曹休飞马往来，奔驰三次，扣上箭，拽满弓，一箭射去，正中红心。金鼓齐鸣，众皆喝彩。曹操于台上望见大喜，说："此吾家千里驹也！"方欲使人取锦袍与曹休，只见绿袍队中，一骑飞出，叫着说：

“丞相锦袍，合让俺外姓先取，宗族中不宜搀越。”曹操看其人，原是文聘。众官都说：“且看文仲业射法。”文聘拈弓纵马一箭，亦中红心。众皆喝彩，金鼓乱鸣，文聘大喊：“快取袍来！”只见红袍队中，又一将飞马而出，厉声道：“文烈先射，汝何得争夺？看我与你两个解箭！”拽满弓，一箭射去，也中红心。众人齐声喝彩，观其人，原是曹洪。洪方欲取袍，只见绿袍队里又一将出，扬弓叫道：“你三人射法，何足为奇！看我射来！”众人观看，是张郃。张郃飞马翻身，背射一箭，也中红心。四支箭齐齐地扎在红心里，众人都道：“好射法！”张郃说：“锦袍该是我的！”言未毕，红袍队中一将飞马而出，大叫道：“汝翻身背射，何足称异！看我夺射红心！”众人观看，原来是夏侯渊。夏侯渊纵马至界口，扭回身一箭射去，正在四箭当中，遂金鼓齐鸣。夏侯渊勒马按弓大叫道：“此箭可夺得锦袍吗？”只见绿袍队里，一将应声而出，大叫：“且留下锦袍与我徐晃！”夏侯渊说：“汝更有何射法，可夺我袍？”徐晃说：“汝夺射红心，不足为异。看我单取锦袍！”拈弓搭箭，遥望柳条射去，恰好射断柳条，锦袍坠地。徐晃飞取锦袍，披于身上，纵马至台前拜谢说：“谢丞相袍！”曹操与众官无不称赞。徐晃才勒马要回，猛然台边跃出一绿袍将军，大呼道：“你将锦袍哪里去？早早留下与我！”众人观看，原来是许褚。徐晃说：“袍已在此，汝何敢强夺！”许褚不回答，竟飞马来夺袍。两马相近，徐晃便用弓打许褚。许褚一手按住弓，把徐晃拖离鞍鞒。徐晃急弃了弓，翻身下马，许褚亦下马，两个揪住厮打。曹操急忙派人拉开两人，那件锦袍已被扯得粉碎。曹操令二人都上台，徐晃睁眉怒目，许褚切齿咬牙，各有相斗之意。

曹操见此情景笑道：“孤特视公等之勇耳，岂惜一锦袍哉？”便教诸将尽都上台，各赐蜀锦一匹。诸将没有不谢赏的，人人笑得开怀。

其实，争袍之事曹操之所以能轻易化解，是因为他在众位将领心中的地位非比寻常。曹操的遍行赏赐没有人会不给面子、不识时务，所以才会有皆大欢喜的局面。更深层一点讲，这也是一种均衡内部利益的方式。

正是因为曹操的机智聪明和善于把握大局的能力，才使得他在诸位能人中应对自如。此外，这还得益于曹操对管理军队的基本态度。曹操认为，惩罚是军令的基础，是指挥员号令三军的权威所在，所以，只有分清是非善恶，才能令行禁止，指挥有度，军心永固。

现代社会中的不少领导者，位居高位，却由于不懂得管人之术，所以不能在高位上待久。不同职位的人立场、做事风格也不同，就像将军用武力克制对方，谋士用计谋战胜对手，而元帅则统领大家取得胜利。在一个团队内部，成员间避免不了是非利益冲突，这就要求领导者灵活变通，特殊情况特殊处理，及时采取有效的处理措施，平衡各方关系，争取最大的团体利益。

第九章

运筹帷幄，谋划好了再行动

能成大事者，必定深谋远虑。急于求成不一定能赢棋，料敌在先，把每一步都看得更深更远，才能使敌人处处受制。不要以为那些成功者的胜利靠的是运气，运气其实是精心运筹的结果。

1. 看问题要看到根源上

当一件事情发生后，不探究它之所以发生的原因，没有相应的计划，走一步看一步，这是普通人的作风；结合当时形势，找出普遍规律，以后引以为戒，这是聪明人的作风；拨开迷雾看本质，直击最根本的利害关系，找到克敌制胜的方法，这是高明人的作风。

曹操灭了袁绍后，袁绍的三个儿子袁谭、袁熙和袁尚也被曹操打败。袁尚与二哥袁熙逃往辽西投奔乌丸首领蹋顿，曹操想要一举消灭袁氏的力量，便决定远征乌丸。部属中许多人担心曹操带兵离开后，刘表会派刘备乘机袭击曹军的大本营许县，建议先打刘表，再攻乌丸。谋士郭嘉说："乌丸一定要打。乌丸的胡人依仗其地处僻远，必定没有防备，我军突然袭击，定可取胜。况且袁绍曾经对乌丸人有恩，袁尚兄弟在那里根基深厚。如果我们去打刘表，袁尚兄弟就会召集袁绍旧部和乌丸人一起来攻打我们。那时，恐怕我们新收的袁绍的地盘又要丢掉了。刘表这人，不过是清谈虚夸的空谈家罢了，他的部下也就刚归附的刘备可以派出来一战。刘表自知其才力不足以驾驭刘备，若是重用刘备，又担心不能控制；轻任刘备，又怕刘备不会为他效力。所以，刘表是不会有什么动作的。即便我们倾全力远征乌丸，曹公您也用不着担忧什么。"曹操认为郭嘉分析敌情如同亲见，把几方面对手的心思都摸得透透的，于是，乌丸之战就这么定了下来。

这一战，曹军获得了胜利，斩杀了蹋顿以下许多将领，而袁氏兄弟见势不好，便逃往了辽东，投奔辽东太守公孙康。

此时，曹操的部将以夏侯惇为首，都建议乘胜追击，捉住袁氏兄弟，斩草除根，免得让他们再成气候。曹操拈须笑道："不劳烦各位了，数日之内，公孙康自然会把二袁的首级献上。"诸将心中虽有疑惑，但见曹操一副胸有成竹的样子，只得暂且耐心等待。

公孙康那一方也正在商议此事。公孙康之弟公孙恭说："袁绍生前就常有吞并辽东之心，现在袁熙、袁尚没地盘了才投奔到我们这里，定怀有强占辽东的异心。若收留他们，实在是养虎为患。不如将他们骗入营中杀之，将首级献给曹操，曹操必重待我们。"公孙康说："只怕曹操会引兵下辽东，不如接纳二袁当帮手，共同抵抗曹操兵马。"公孙恭说：“可派人去打听打听。如果曹兵来攻，则收留二袁；如果曹军没有异动，则杀了二袁，送与曹操。”公孙康同意，便立刻派人去打探消息，得知曹操兵屯易州，并无下辽东之意，便放下心来，转身对付袁氏兄弟。他借商议机密大事之由把二袁骗入府中，一声令下，埋伏在帷幕后的刀斧手们跃出，砍下二人头颅，用木匣盛了，使人送到易州，拜见曹操。

当时曹操正与众将议事，夏侯惇、张辽二人禀告说：“如不下辽东，可回许都，耽搁久了怕刘表会乘虚而入。”曹操说：“待二袁首级至，即刻回兵。”众将暗笑，心中对此很不以为然。正在这时，二袁的首级送到，众将惊得目瞪口呆。

曹操重赏来使，封公孙康为襄平侯、左将军，回头与众将解释缘由：“郭嘉生前已料到此事，并留下书信说打辽东决不可行。我们若以兵力相逼，公孙康与二袁就会抱成团迎敌；我们不理他，他们反会自相残杀。”众将听了，叹服不已。

明智之人常常在事物略露表象的时候就已经有所察觉，然后经过反复地思考、斟酌和研究，静待事物的发展而相机行事。

在吕后设计害死了梁王彭越和楚王韩信后，与二人同称“汉初三大名将”的淮南王英布无奈兴兵反汉。刘邦向文武大臣询问对策，汝阳王夏侯婴推荐了自己的门客薛公。

汉高祖问薛公：“英布曾是项羽手下大将，能征惯战，我想亲率大军去平叛，你看胜败会如何?”

薛公答道：“陛下必胜无疑。”

汉高祖道：“何以见得?”

薛公道：“英布兴兵反叛后，料到陛下肯定会去征讨他，当然不会坐以待毙，所以有三种情况可供他选择。”

汉高祖道：“先生请讲。”

薛公道：“第一种情况，英布东取吴，西取楚，北并齐鲁，将燕赵纳入自己的势力范围，然后固守自己的封地以待陛下。这样，陛下也奈何不了他，这是上策。”

汉高祖急忙问：“第二种情况会怎么样？”

“东取吴，西取楚，夺取韩、魏，保住敖仓的粮食，以重兵守卫成皋，断绝入关之路。如果是这样，谁胜谁负，只有天知道。”薛公侃侃而谈，“这是第二种情况，乃为中策。”

汉高祖说：“先生既认为朕能获胜，英布自然不会用此二策，那么，下策该是怎样？”

薛公不慌不忙地说：“东取吴，西取下蔡，将重兵置于淮南。我料英布必用此策——陛下长驱直入，定能大获全胜。”

汉高祖面现悦色，道：“先生如何知道英布必用此下策呢？”

薛公道：“英布本是骊山的一个刑徒，虽有万夫不当之勇，但目光短浅，只知道为一时的利害谋划，所以我料到他必出此下策！”

汉高祖连连赞道：“好！好！英布的为人朕也并非不知，先生的话可谓是一语中的！朕封你为千户侯！”

“谢陛下。”薛公慌忙跪下谢恩。

汉高祖封薛公为千户侯，又赏赐给薛公许多财物，然后于这一年（公元前196年）的十月亲率十二万大军征讨英布。

果然，英布在叛汉之后，首先兴兵击败了受封于吴地的荆王刘贾，又打败了楚王刘争，然后把军队布防在淮南一带。

汉高祖戎马一生，南征北战，也深谙用兵之道。双方的军队在蕲西（今安徽宿县境内）相遇后，汉高祖见英布的军队气势很盛，便采取了坚守不战的策略，待英布的军队疲惫之后，金鼓齐鸣，挥师急进，杀得英布落荒而逃。

英布逃到江南后，被长沙王吴芮的儿子设计杀死，英布的叛乱以失败而告终。

我们常说某人“料事如神”，并不是说他会抽签打卦，而是他能看到事情的根源，明白其中的关节，自然懂得谁是关键人物、谁是暗处的敌人，懂得何时何处该使力、何时何处要冷处理，如此，才会收到事半功倍的效果。

2. 未雨绸缪稳江山

自古英雄，无非以眼光取胜，眼光长远者可以从长而计，未雨绸缪；而眼光短浅者仅见眼前的蝇头小利，难免会为利益所驱，难成大器。曹操就是这样一个能够预见危险，又能够随机应变的政坛高手。

曹操在称公、称王之后，面临着确立继承人的问题。曹操对立嗣特别重视，抱着非常慎重的态度，经过一段时间的考虑之后，才最后确定下来。曹操共有25个儿子，长子是曹昂，接下来依次是曹丕、曹彰、曹植、曹熊、曹冲等。曹昂为刘夫人所生，但刘夫人早亡，由曹操的结发妻子丁夫人抚养。曹丕、曹彰、曹植、曹能为卞夫人所生，曹冲为环夫人所生。封建宗法制度规定，妻生的儿子称嫡子，妾生的儿子称庶子，嫡子是正统，而庶子是旁支。由此决定了封建继承权的排列顺序依次是嫡长子、嫡次子、庶长子。曹昂本为庶长子，但因丁夫人无子，把曹昂当作亲生儿子看待，建立了很深的感情，因此，曹昂实际上具有嫡长子的身份。加上曹操对封建礼法不怎么重视，“立嫡以长”的观念相对来说比较淡漠，因此如不发生什么意外，曹昂被确立为继承人大体是没什么问题的。但意外却偏偏发生了：建安二年（公元197年），曹操南征张绣，张绣降而复叛，曹昂为掩护曹操，被叛军杀死。曹昂死后，最有资格充当继承人的当属曹丕。但曹操这时似乎将“立嫡以长”的成例抛到了脑后，久久不肯立其为继承人，其目的显然是要通过较长时期的观察和考验，从诸子中培养和选择出自己所满意的继承人。

曹操对诸子的培养和使用一视同仁。他在《诸儿令》中说：儿子们虽然小时候都被我喜爱，但长大后德才兼备的善者我必定重用他。我说话是严肃的，不但对我的属下不偏私，就是对儿子们也不想有所偏爱。

曹操在选择继承人时，更看重其德才如何。

曹操首先看中的是年岁比较小的曹冲（公元196年生，比曹丕小9岁）。曹冲，字仓舒，五六岁时就表现出了过人的天资。大约在公元201年，孙权送给曹操一头大象，北方人从没见过这么大的动物，都很惊奇。曹操想知道它到底有多重，就叫下边人把它称一称。但一般的秤根本无法承受大象的重量，大家都为此感到很苦恼。这时，小曹冲站出来说：“把大象放在一只大空船上，在水淹到船体处做个记号。然后把大象拉下来，将石头装上船，一直装到水面到达之前做记号的位置。之后再分开称石头的重量，加起来就是象的重量。”大臣们按照他的方法操作，果然称出了象的重量。

又有一次，曹操的马鞍在仓库里被老鼠咬坏了，看守仓库的小吏害怕被处死，准备反绑双手去向曹操请罪，但还是担心自己不会被赦免。曹冲知道后，对小吏说："3天后的中午，你再去请罪。"然后，曹冲用刀扎破了自己的衣服，弄得像被老鼠咬的一样，并装出一副很难过的样子。曹操见状问他是怎么回事，曹冲回答说："世俗认为老鼠咬了衣服，衣服的主人就不吉利。现在我的单衣被老鼠咬了，所以忧愁烦恼。"

曹操连忙安慰说："这是胡说八道，你不要为这件事烦恼了。"

过了一会儿，看管仓库的小吏前来报告，说老鼠咬坏了马鞍，曹操笑着说："我儿子的衣服放在身边，尚且被老鼠咬了，何况马鞍悬挂在仓库的柱子上呢！"

然后，曹操叫左右给仓吏松了绑，一点也没有怪罪看管仓库的人。

曹冲为人宽厚，知识渊博，因此曹操特别喜欢他，曾多次在官员面前称赞曹冲聪明仁爱，表示将来要传位给他。但是，曹冲13岁时（即公元208年）突然因重病去世，曹操非常悲痛。当曹丕前来劝慰曹操时，曹操说："他死了是我的不幸，却是你们的幸运啊！"意思是说，此后曹冲再不能同曹丕等人争继承权了。曹丕对这话的用意也很清楚，他当了皇帝后还常说："家兄孝廉（即曹昂，曹昂20岁时举孝廉，21岁时死去），做皇帝是他的本分，如果仓舒还在，我也不会有天下。"

曹冲死后，在一段时期内，曹操又倾向于立曹植为嗣子。

曹操在立嗣问题上如此谨慎，是想看准曹植、曹丕哪一个最德才兼备。他的动机和做法都是好的，但这却引起了曹植、曹丕之间的矛盾和斗争，甚至由正常竞争发展到了弄虚作假、尔虞我诈的地步。

一次，曹操领兵出征，百官和诸侯送行，曹植对曹操说了一些颂扬功德的话，辞语华美，条理清楚，得到了在场人的赞许，曹操听了也很喜悦。曹丕看到这种情景，怅然若失。他的亲信吴质耳语献策说："大王动身时，您只要流泪哭泣就可以了。"曹丕照此去做，曹操很受感动，大家都认为曹植辞语华美，但诚心不如曹丕。

又有一次，曹操要考查一下曹植和曹丕的实际才能，让他俩分别从邺城门出去办事，并事先秘密下令要守门人不得放行，看他俩如何处理此事。曹丕来到城门前，见守门人不让出去，就返回来了。曹植事先得到了杨修的提示："假如守门人不让您出城，您可以受魏王之命为由，将其杀掉。"就这样，曹植虽成功出了城，却给曹操留下了好杀的印象。

在双方争夺嗣位的过程中，曹丕由于善耍手段，掩饰真情，装饰自己，由劣势逐渐转为优势；曹植做事任性，不粉饰自己，饮酒不加节制，逐渐失去了有利的地位，特别是在建安二十二年（公元217年）犯了一次大错。事情是这样的：曹植在一次酒后私自乘车在帝王专用的驰道上行驶，并打开了王宫的司马门，一直驶到金门。这是违反禁令的行为，曹操一怒之下，把主管宫门的公车令处死，并下令说：开始时，我认为子建是儿子中最能成大业的，自从临苗侯植私自出去，开司马门至金门，使我不得不另眼看待这个儿子。

最后，曹操听了谋臣贾诩的谏言，立曹丕为继承人。

曹操选定曹丕继位，这是非常富有政治家眼光的一大举措：其一，曹丕是长子，立长不立幼是封建社会的不变之规，最平稳而且最不易产生动荡；其二，曹丕曾多次独当一面，甚至独自指挥镇压了若干次严重的叛乱，其手段之残酷、立法之严峻绝不亚于曹操；其三，在曹操明确地选择了曹丕作为接班人之后，他对其他儿子，特别是曹植身边的人进行了残酷的打击，例如借故杀掉了曹植的老师杨修，剪除了其他皇子的羽翼。因此，远在曹操去世之前，通过建制和官员配备，权力已经非常平稳地转移到了曹丕的手里。

《诗经·豳风》中说："迨天之未阴雨，彻彼桑土，绸缪牖户。"意指在没有下雨的时候，就要把门窗捆绑牢固。后比喻事前做好准备工作。未雨绸缪意即有备无患，它通常是在军事政治重大变革前采取的一种很理智的做法。

善于未雨绸缪的人具有非凡的远见和敏锐的观察力，所以能明察秋毫、由小见大，常能在别人之前采取避害求存的行动。曹操就是这样一个能够预见危险，又能够随机应变的政坛高手。从这一点来看，他的成功绝非偶然。

我们生活在一个机会稍纵即逝的世界里，要想选择正确的道路，就得具有能够穿透重重迷雾的洞察力。历史上那些有建树的人，目光远大就是他们成功的终极秘籍。

1980年，初中毕业的朱张金开始了贩卖领带、袜子的小买卖。后来，他修过电器，还办过针织厂。到了1988年，已有2.5万元积蓄的朱张金借了19.5万元，让村里出面买下了一家制革厂。村里怕以后出问题，坚持“所有亏损与村里无关，所有盈利归朱张金所有”。

朱张金高价买壳经营，很多人并不看好，可是谁又能想到，十几年之后，这家企业不仅没有败落，反而越做越好，成了中国皮革行业中响当当的龙头企业。

2001年，朱张金拥有的卡森资本已达25亿元。能做到这种程度，朱张金靠的不是运气，而是他敏锐的洞察力。朱张金一年中有几个月的时间在国外跑生意，其目的就是看看有多少市场机会。

“出手快，眼光准”是朱张金最大的本钱，卡森的成功很大程度上是因为每一次产品调整都比别人快。

1995年下半年，朱张金在莫斯科成立了一家公司，当地出现了抢购卡森皮衣的风潮，一天可卖几千件。光靠卡森自产的皮衣显然远远满足不了市场的需求，于是卡森在海宁成立了检控中心，由卡森统一提供羊皮、款式、辅料，让海宁的60个皮衣加工厂为它定牌加工。那一年在俄罗斯总共销掉了60万件卡森皮衣，卡森净赚1800万元。

当海宁老乡纷纷北上与朱张金抢着去俄罗斯卖羊皮衣时，他却转身做起了猪皮生意。1994年，国内皮革业一度走低，许多小企业倒闭，卡森却反其道行之，投资1000万元扩大猪皮革生产规模。不少人感到惊奇，朱张金说，小企业倒闭了，市场份额让出来了，卡森正好可以抢占市场。果然，卡森当年赢利750多万元，比上一年增长了6倍。

1997年4月，朱张金到香港参加皮革展，他发现，展会上中国、韩国、斯洛文尼亚的企业展出的都是猪皮制品，而美、英、德等发达国家企业展出的都是牛皮制品。从香港回来，朱张金宣布：要把猪皮生产线停了，上牛皮生产线。卡森高管层很不理解，朱张金斩钉截铁地说："商机稍纵即逝，如果等每个人都认同，那就太晚了。"

朱张金认准了牛皮市场比猪皮市场大，决意不给自己留退路。有公司把93000平方米的猪皮单子交给朱张金做，如果接这个单子半个月就可赚100万元，但朱张金没有接。许多人都说朱张金疯了，要知道当时有许多企业因接不到订单而头痛呢！

从1997年以来，卡森先后到美国、澳大利亚、巴西、德国等设立办事处，了解市场信息，公司技术中心则根据国际市场需求，及时开发新产品，1999年开发出了普通沙发革、全拉面沙发革，2000年开发出了两层革，2001年重点开发高科技、高附加值的沙发革和汽车坐垫革。

如今，卡森的牛皮沙发等家具畅销美国。2003年2月，经美国最大的家具经销商的推荐，卡森牛皮革沙发顺利进入了白宫。

"现在许多企业看我搞牛皮革赚了钱，开始要跟风了，而我则已经在一年前开始考虑上别的项目了。"面对竞争对手，朱张金表现得十分自信。

朱张金的成功，靠的是他敏锐的洞察力和把握时机的能力，一个人只有拥有“毒辣”的眼力，才能洞察先机，未雨绸缪，让自己占据优势。

想要成功地干出一番事业，不能光看眼前利益，而要把目光放远些，看到今后的发展趋势，只有事事走在别人前头，才能有必胜的把握。高瞻远瞩者才能先知先觉，从一个成功迈向另一个成功。

3. 杀抚并用，分化敌人

要守成，看好自己现有的地盘即可；要创业，随时都要面对陌生的环境。势力范围扩大后，要先掌控新地盘上的人；掌控新地盘上的人，则要先掌控其中的关键人物。

曹操“挟天子以令诸侯”是长远的政治策略，具体的操作是带领部队，把汉献帝和文武百官接到自己的地盘许县另立中央。虽然当时国都洛阳兵荒马乱，献帝只是各路军阀们手中的傀儡，众官员们窘迫到连办公的地点都没有，但献帝毕竟是大汉天子，众官员也是朝廷命官。劫持他们简单，让自己的劫持行动变得合理合法就有难度了，太软太硬都不行，只能一步步渗透。

很快，机会就来了，献帝被李傕、郭汜追击，带文武百官出城逃难，屯兵山东兖州的曹操闻讯大喜，连忙尽起山东之兵出来接应。平服叛乱后，献帝回宫压惊，曹操的兵马驻扎在洛阳城外。这次的救驾行动使献帝非常感激，这位皇帝被各路军阀的粗暴作风吓得每天都战战兢兢，乍一看到曹操这样有礼有节的人，才重新找到身为天子的感觉，因此，献帝对曹操的印象很是不错。而曹操名正言顺地进了洛阳，又获朝廷的封赏，对这种效果也很满意。但这只是万里长征第一步，离曹操的理想还有很长距离。

怎么才能让献帝顺顺当当地移驾许县呢？曹操的线人是董昭。董昭当时是汉献帝的议郎，相当于如今的顾问。通过几次接触，曹操发现董昭是可用之人，董昭也看到了曹操的实力和志向，两人简直一拍即合。

董昭回朝后，在同僚中积极散布曹操忠心勤王、曹军仁义之师、依随曹军有前途的言论，同时，近期星象有异，迁都则安的秘闻也在流传。前期铺垫过后，曹操直接上奏献帝："洛阳的宫室荒败，不可修葺，粮食运转更是困难。臣敢请驾幸许都，愿陛下准允。"群臣有怕曹操威势的，有像董昭那样另有打算的，都没有什么异议。大势所趋，献帝也不能不从。

在许县，献帝只是一面旗帜，在他的名义下，曹操开始调整队伍。荀彧、满宠、曹洪、曹仁、夏侯惇、夏侯渊等是曹操带来的人，有能力，也最得曹操信任，他们掌管了重要的事务性部门和军队。洛阳也是曹操看重的地区，他让刚立下大功的董昭以洛阳令的身份留守旧都。其他更多的职位，曹操则能用旧人用旧人，无人可用就网罗新的人才。在曹操的主持下，朝廷先后征召了赵岐、张俭、陈纪、桓典、徐璆、孔融等人补充进来。对于这些人，曹操本来并不感兴趣。当时赵岐、张俭都已年过八十，根本做不了事，但由于他们本人和身后的家族都很有名望，在中原一带很有影响力，当一块招牌还是很闪亮的。孔融喜欢评论时政，做人身上带刺，平时这样的人曹操是不会用的，召他来是因为看中他当世名士、孔子20世孙的影响。曹操不指望这批人能出什么力，但他们既然在新组的中央政府任职，就不好再公开发表不同政见。只有安抚好他们，曹操才能腾出手来做实事。

在动荡时代，除去少数人杰会主动寻找方向、引领潮流外，还有很大一部分人是在等待观望。招抚他们中间的代表人物，就相当于赶走了领头羊，扫除了风向标，可以迅速增强己方实力、瓦解对方阵营。至于招抚的手段，则因人因事而异，一般来说，只要搭建的平台有足够的吸引力，对方是摆脱不了借梯登天的诱惑的。

清代甲申之变，李鸿章大力主张与法国议和，但主战派的实力不容忽视。“清流”一派是舆论界最强的反对力量，其中又以被称为“翰门四谏”之首的张佩纶影响力为大。经过深思熟虑，李鸿章决心要收服张佩纶做个帮手。

张佩纶的父亲在李鸿章的家乡安徽做过官，说起来也算世交，李鸿章便遣人专程将他接了来，在北洋衙门长谈了几次。李鸿章把自己准备创办新式海军的计划摆出来与张佩纶商议：中国与外国的军队素质相差太远，无法与之抗衡，不如以和谈争取相对稳定的局势，然后发愤图强，着手修建旅顺港，在北洋办海军学堂。这番雄图壮志，非十年不足以见功，这正是有志之士为国出力的时候。

了解了李鸿章主和的理由，张佩纶觉得他深谋远虑，是可共大事的人，因而也做了不少献议，彼此谈得非常投机。李鸿章说：“老夫耄矣！足下才气纵横，前程远大，将来此席非老弟莫属。”

这句话隐然有传授衣钵之意。接替李鸿章成为清朝中兴名臣，想想都觉得激动不已。有了这样的默契，张佩纶便暗中转为了主和派。李鸿章保举张佩纶到福建船政局督办政务，作为他将来帮办北洋海军的资本。

安抚好张佩纶之后，李鸿章对其他“清流”反对派分而制之，将他们调出京去，委以军务重任。书生都是纸上谈兵，到了一线，每每误事，如此便可借此收拾“清流”。而平时好发议论的人，见此光景，必生戒心，这也是控制舆论的妙计。

改朝换代或者和平时期的政治斗争，都是胜者为王败者寇，失势的那一方，或被消灭，或被彻底镇压，但是其中有种耐人寻味的现象：敌对的阵营中无名小卒被剿灭，对一些中坚分子却要极力拉拢。这是因为他们的能量大，影响力也大，能将他们招安，当权者的位子就更牢靠些。

这是历史规律，却也适用于任何一个小团体。

4. 没有谋划就没有未来

曹操生于动乱年代、成长于宦官家庭，从小他的志向便是为人活于世间一遭，绝不能默默无闻，必定要做一番大事业。但是，成功不是光靠志向就能实现的，只有那些真正有头脑、懂得谋划未来的人，才能实现自己的宏伟志向。曹操就是这些成功者中的一个典型。

东汉末年，政局极不稳定，朝内政治腐败、宦官专权，百姓生活在水深火热之中，阶级矛盾愈发尖锐，社会动荡不安。也就是在这个动乱的年代里，出现了历史上许多有名的大人物。

当时，统治阶级内部，外戚、宦官集团之间的斗争非常激烈，特别是在汉和帝和汉安帝以后，政治更加黑暗。外戚和宦官为了争夺控制中央的权力，互相排挤，互相残杀，加剧了社会动荡，不少百姓因为生存问题而不得不揭竿而起。其中，更是出现了一批想要自立为王、建功立业的人。

时局的动荡使年纪轻轻的曹操不甘于命运的安排，立志要闯出一片天地。虽然年少，但曹操敢于挑战世俗的眼光，又能刻苦钻研兵法，苦练武艺。与此同时，为了给未来铺路，曹操开始广泛接触当时的社会名流和贤达之士。追究当时曹操的目的，其实很单纯，不过是期望通过与名流贤达的接触，得到他们的赏识，为自己踏上仕途进而施展抱负做好充分的准备。

初入仕途的他，只不过是一个小小的洛阳北部都尉。虽然官职低，但曹操从来没有说过任何抱怨的话，他深知：成功的人生都是从小及大，想要达到自己的目标，必定需要一个实现的过程。只要把握好发展的时机，积极地谋划好下一步要走的路，然后凭借不断增强的实力实现它，就一定会取得成功。

经过一番经营和规划，没过多久，曹操便一路升迁。当在镇压颍川起义军中立下大功之后，他被升迁为济南相国。俗话说，新官上任三把火。曹操刚担任济南相时，就做了两件大事，一是罢贪官，二是毁淫祠。在当时那种乱世，曹操烧的这两把火不仅得罪了朝中宦官，连地方豪强也对他恨之入骨。

为了暂避锋芒，曹操请求隐退田园。朝廷考虑到他的贡献和能力，便给了他一个差事，任命他为议郎。曹操心里明白，想要躲避朝中权臣的打击，隐退才是最好的办法，因此对于议郎一职也是“常托疾病，辄告归乡里”。

在所有人的眼中，曹操此次是因为惧怕朝中谋臣的势力而不得已选择的隐退。但是事实上，当时他的父亲曹嵩还大权在握，是一个有头有脸的人物，所以，曹操的性命实际上并不真的那么堪忧。曹操在此时选择隐居，实际是为自己将来的争霸事业进行的又一项精心谋划。

东汉末年非常盛行名士隐居，隐居在当时被认为是有才能而又清高的人的作为，可以抬高身价，以博取当政者的瞩目。当然，曹操的落脚点是即使不得已等几年再做官也不算晚，但并不是终身隐居，他"称疾归乡里"的真正目的是为了等待时机。在隐居期间，他一直窥视局势，只要形势对自己有利，他就会复出。而后，曹操寻得合适的时机重返争霸之路，并凭借精明的谋划之策，一步一步地朝着自己的梦想前进。

成功的一大秘诀，当然是勇往直前，有一种奋发向上、敢为人先的精神。但做事只凭向前冲的勇气是不够的，还要有思考的空间。在我们不断追求自己梦想的时候，更要注重把握好发展的大局面，多对未来进行合理的规划。一个为了成功而进取的人，更应该懂得为自己创造有利的条件，同时脚踏实地地按照自己规划好的步骤，一步步向成功迈进。

诸葛亮的家世还不错，诸葛氏在琅琊是个大家族，他的祖辈曾在西汉元帝时做过司隶校尉（卫戍京师的长官），父亲诸葛珪在东汉末年也做过泰山郡丞。但诸葛珪死得早，诸葛亮和弟弟诸葛均由叔父诸葛玄带大。后来，诸葛玄带着他们去投奔了老朋友荆州牧刘表。

建安二年（公元197年），诸葛玄去世。无奈之下，诸葛亮和弟、妹只能移居到隆中，一边种地维持生活，一边读书。

诸葛亮读书和别人不一样，他看书一目十行，只了解个大概，但他很有天赋，书读得比大多数人都好。他不但熟知天文地理，而且精通战术兵法。他志向远大，自比管仲、乐毅。

那时候，刘备的部队正驻扎在新野。有一次听水镜先生司马徽说起卧龙（诸葛亮）、凤雏（庞统）乃是当世之豪杰，便有了结识他们的想法。后来已被刘备委以重任的徐庶也大力推荐诸葛亮，并说："这个人可不一般，皇叔如果想要结交他，千万不要派个人就把他叫来，一定要自己去请，不然他不会搭理你的。"

听了徐庶的建议，刘备亲自去拜访了诸葛亮，去了三次才见到。刘备问诸葛亮："现在的汉王朝奸臣当道，皇上无能。我现在想重振大汉王朝的雄威，但才疏学浅，直至今天也没能有所作为，不过我不甘心呀！我听说先生乃当世之奇才，今天特地来请教先生有什么可以帮助我的办法吗？"

诸葛亮一直都在等待这个机会，怎能放过？于是，他就把自己的计划一条一条地说给刘备听，大意就是：先占领刘表的荆州，再想办法把刘璋的益州弄到手，与曹操、孙权三分天下，然后再等待时机把曹操和孙权除掉，统一中国，重振大汉王朝。这就是著名的《隆中对》。

听诸葛亮说完后，刘备精神振奋，心说："我怎么就没想到呢？妙计！果然是高人！"

从此，刘备就患上了"诸葛亮依赖症"，不管干什么事，都要听听诸葛亮的建议。

建安十三年（公元208年）八月，曹操占领荆州，刘备待不下去，只好逃跑。这时，诸葛亮向刘备建议说："我们可以去联合东吴，一起抵抗曹军。"刘备有点犹豫，说："我们现在没什么实力，不知道孙权会不会搭理我？"诸葛亮胸有成竹地说："我和东吴的鲁肃是好朋友，我亲自去柴桑游说孙权一定能成功。"听诸葛亮这样一说，刘备才答应。

诸葛亮到达柴桑后，通过鲁肃的引荐，见到了孙权。他先给孙权来了个激将法，说：“如果您有实力对抗曹操，那就和他断交。如果你觉得自己不行，那还不如投降！”

孙权并非好糊弄的人，他反问道：“你让我投降，你们怎么不投降呢？”

诸葛亮听了孙权这么说，就把刘备大大夸奖了一番，说了些刘皇叔有气节，决不投降之类的话。

孙权听了这话心说：“小小刘备都这样，我要是向曹军示弱，岂不让天下人耻笑？”于是勃然大怒道：“我与曹贼势不两立！”

虽然这么说，但毕竟曹军几十万人快打到家门口了，不是一两句话就能吓走的。

这时，诸葛亮开始给孙权打气，他说：“曹军大老远从北方跑来，早已经是强弩之末，虽然号称83万，其实还不到30万。再加上都是北方人，不善水战，而曹操刚刚占领荆州，民心也不在他那边。刘皇叔现在有两万精兵，如果将军再出兵，曹军必败。”

诸葛亮的一番话说得孙权很是心动，最终，孙权决定联刘抗曹，派周瑜、程普、鲁肃等率三万水军，与曹操开战。诸葛亮任务完成，便回营准备去了。

这年十一月，孙刘联军与曹操在赤壁决战，结果曹军大败，几乎全军覆灭，曹操只带着几千兵马狼狈地逃回了许都。

赤壁之战后，刘备乘机占领了荆州。

建安十六年（公元211年），益州牧刘璋想要攻打张鲁，就派法正去请刘备帮忙。谁知法正早就和刘备有所勾结，于是借着刘备入蜀之际，与刘备里应外合，把刘璋给除掉了。至此，诸葛亮三分天下的计划宣布完成。

诸葛亮应该是《三国演义》中最光芒四射的人物了。他运筹帷幄之中，决胜千里之外，几乎是以一己之力促成了三分天下，这是因为什么呢？首先是他聪明，这是前提条件，但更主要的是他有大局观，他把当时的形势分析得相当透彻，他的谋划又非常合理、缜密，这才是他成就大业的主要原因。

5. 打好基础图长远

打江山，创事业，必当有深厚的基础，否则便会如无源之水、无本之木，虽能得势一时，却不能得势一世。推而广之，无论做什么事，都要深根固本，然后才可与世争锋。“深根固本以治天下，进足以胜敌，退足以坚守，故虽有困败而终济大业。”

中平末年，天下大乱，各地的黄巾军也趁着大乱之机再次壮大。

初平二年（公元191年），青州黄巾军三十万人攻入太山郡，太山太守带军出战，致使黄巾军前进受阻，前后牺牲数千人，被迫退出太山郡。事后，黄巾军北渡黄河进入渤海郡，公孙瓒大显身手，引军击退黄巾军数万余人，令黄巾军元气大伤。

过了不久，这支由农民组成的队伍经过一段时间的休整东山再起，于初平三年（公元192年）四月，以百万之众攻入兖州。情急之下，兖州牧刘岱决定发兵阻击黄巾军。

这时，济北（今山东长清南）国相鲍信分析了当时的军事形势，向上司刘岱建议：“黄巾军气势浩大，号称百万之众，百姓都有些害怕，士兵们也没有斗志，很难抵敌。我看这帮叛贼人数众多，群辈相随，却没有什么粮草辎重，只有靠抢夺劫掠作为军资来源，我们不如养精蓄锐，坚守阵地，让他们战又战不得，攻又不能攻。这样一来，其气势必然大大削减，人员离散，到了那个时候，我们再选派精兵强将，攻其要害，一举歼灭他们。"

鲍信说得很有道理，计也是好计，可是轻敌的刘岱不但没有接受鲍信的建议，还亲自领兵出战，结果做了黄巾军的刀下亡魂。

与此同时，曹操正密切关注着局势的变化，每日加紧操练兵马，准备谋求进一步的壮大。刘岱一死，曹操就将眼光放到了兖州。

曹操手下的一个谋士陈宫献计说："兖州无主，朝廷难以对他们下达政令，实行统治，我愿意去游说各郡，让你担任兖州牧，以那个地方作为根据地，慢慢发展壮大，这样一来，必当成就霸业。"

曹操觉得正中下怀，当即表示同意。陈宫到兖州对鲍信等人进行游说，说兖州无主，曹操又是命世之才，如果能请他当兖州牧，必定能安定生民。济北相鲍信本来就看重曹操，听此一说，心下更加坚定，于是请来曹操担任兖州牧。

由于汉时全国分十三州刺史部，初为中央派出的监督机构，到了东汉末期，刺史（后称州牧）已是地方上最高的一级军政长官。虽说曹操担当的是兖州牧一职，但也已是今非昔比，他自此成为真正的一方之主。

曹操一担任兖州牧，便立即带兵奔赴寿张，阻击黄巾军。

开始，曹操率领步骑千余人，边走边勘察地形，摸索到黄巾驻地，准备偷袭，结果出师不利，死者数百，被迫退回。后来，在曹操与黄巾军的多次争战中，鲍信战死。曹操当上兖州牧，自有鲍信一份功劳，于是引其为知己，如今鲍信战死，曹操心中大恸。

同年冬十二月，曹操追击黄巾军到济北。黄巾军被迫乞降，曹操收降卒三十余万，男女百余万口。事后，曹操又将黄巾军精锐进行整编，组成了一支自己的作战队伍，号称“青州兵”。

很显然，在扑灭黄巾军起义的过程中，曹操表现得异常坚决和果断。他与袁绍、公孙瓒不同，胜利之后他并没有对起义部队进行残酷的屠杀和镇压，而是采用了一种吸纳敌人资源，以补充自己实力的方法。

当初，袁绍在朝歌鹿场山苍岩谷讨伐黑山黄巾军，“围攻五日，破之，斩毒及其众万余级”“进击左髭丈八等，皆斩之”“又击刘石、青牛角等”“复斩数万级，皆屠其屯壁”。

公孙瓒反击青、徐黄巾军于东光（今县）南面，“斩首三万余级”“黄巾奔走清河，瓒因其半济而攻之，又杀黄巾数万流血丹水”。

而曹操，却始终没有这种类似的史料记载。

相比之下，曹操似乎更为“仁慈”，目光也更为远大。他不但没有对黄巾军进行大规模屠杀和歼灭，还将其投降的人众尽数挑选，将精锐收编入伍，纳为己用，以壮大自己的军事实力。此举就比袁绍、公孙瓒的行为高明得多。

可见，对天下大势，曹操始终保持着清醒的认识。他知道：天下大乱、地方割据、军阀混战已是不可避免，要在这种局面下立住脚跟，进而扩大地盘、发展自己、战胜对手，没有足够的兵力作为基础是不可能的。但兵力从哪里来？曹操早已瞄准起义军这个庞大的军事集团。因而，曹操对起义军施加了两手政策，即镇压与诱降相结合。

正是因为有了收编来的这股兵力和自领州牧得到的地方兵，曹操才有了不断发展壮大的本钱，从而取得逐鹿中原的成功。

事实上，曹操最初以兖州作为根据地时，并没有考虑得很深远，只是一心想报杀父之仇。他打算以兖州为根据地，攻打徐州。

不想，吕布趁着曹操攻打兖州，城中空虚，占据了濮阳。届时，鄄城、东阿、万县同时告急。曹操迫于形势，听从了郭嘉的意见，卖个人情给刘备，从徐州撤兵退守。

谁想，徐州太守陶谦对刘备情有所钟，死前遗命请刘备主持大局，他一死，刘备就顶任了徐州牧，曹操愤愤不已，即传号令，克日起兵去取徐州。

兴平二年（公元195年）春，曹操再次起兵定陶。袭击吕布之后，他又在巨野攻打吕布的部将薛兰、李封等。当吕布赶来营救薛兰时，薛兰等人已经被曹操消灭得一干二净了。

事后，曹操将部队驻扎在乘氏。原计划先取徐州，再攻吕布。谋士荀彧却认为深根固本至关重要，只有先巩固了根据地，才可以图谋天下。

他说："昔高祖保关中，光武据河内，皆深根固本以制天下，进足以胜敌，退足以坚守，故虽有困败而终济大业。将军本以兖州首事，平山东之难，百姓无不归心悦服。且河、济，天下之要地也，今虽残坏，犹易以自保，是亦将军之关中、河内也，不可以不先定。今以破李封、薛兰，若分兵东击陈宫，宫必不敢西顾，以其间勒兵收熟麦，约食畜谷，一举而布可破也。破布，然后南结扬州，共讨袁术，以临淮、泗。若舍布而东，多留兵则不足用，少留兵则民皆保城，不得樵采。布乘虚寇暴，民心益危，唯鄄城、范、卫可全，其余非己之有，是无兖州也。若徐州不定，将军当安所归乎？且陶谦虽死，徐州未易亡也。彼惩往年之败，将惧而结亲，相为表里。今东方皆以收麦，必坚壁清野以待将军，将军攻之不拔，略之无获，不出十日，则十万之众未战而自困耳。前讨徐州，威罚实行，其子弟念父兄之耻，必人自为守，无降心，就能破之，尚不可有也。夫事固有弃此取彼者，以大易小可也，以安易危可也，权一时之势，不患本之固可也。今三者莫利，愿将军熟虑之。"

荀彧在这篇说辞中，深切地剖析了“固本以制天下”的道理，同时指出“舍布而东”必然导致失掉兖州的严重后果，还做出了徐州未必能攻取，攻取而未必能拥有的预测。一言以蔽之，荀彧就是要告诫曹操，切记不能弃此取彼，以大易小，以安易危，否则难成天下大事。

曹操经过一番仔细斟酌，最终接受了荀彧的意见，改变了原有的计划，从而避免了一次重大的军事失误。

事情果如荀彧所料，同年5月，吕布稍作调整，与此时已经反叛的陈宫率兵万余人，再次从东络（今山东东明）来战。可喜的是，曹操凭借着有利的地形条件，大破吕布。

兴平二年（公元195年）十月，汉献帝正式任命曹操为兖州牧。

如此一来，曹操终于有了一块自己的根据地，进可攻，退可守，不像刘备开始时那样四处颠沛流离，难以成事。

曹操吸取教训，采纳荀彧之谏，先巩固所据之地，招贤纳士，训练兵马，养精蓄锐，方有后来的破濮阳、擒吕布、败袁绍，进而称雄北方。

战争时间有长有短，而要取得战争的胜利，还得依靠政治家长远的战略眼光。战争的胜负不仅取决于战术上的高明，也由战略上的深谋远虑决定。正是因为曹操具备长远的眼光，他的实力才能日渐雄厚，最终成就霸业。谋大略必须具备长远的目光，同时还要有全局观念。只有把握大局，才能做出高瞻性的决策，才能在实际过程中运筹帷幄，把握航向。凡事从大处着眼，从小处着手，这样，事业才会顺利进展，成功的概率才会大大增加。

6. 居高见远，身后疑冢防人盗

看一个人胸怀的大小、眼光的高低有许多标准，其中，一个人临死之前所做的遗言也能显出其境界的高下。古往今来，伟大的人物都在临死前奉献了他们伟大的政治遗产——政治遗言。三国时的诸葛亮在临死前将蜀国的大计一一嘱托；刘备临死前向诸葛亮托付了他不成器的儿子阿斗；同样，曹操也在临死前确定了曹氏政权的接班人曹丕。客观来说，在三国第一代英雄的遗嘱中，曹操所选择的人选是最经得住考验的，这也在一定程度上促进了后来三国归晋的局面。

建安二十五年（公元220年）正月，曹操病危。他把群臣召至床前，叮嘱说：“孤纵横天下三十余年，群雄皆灭，止有江东孙权、西蜀刘备未曾剿除。孤今病危，不能再与卿等相叙，特以家事相托。孤长子曹昂，刘氏所生，不幸早年殁于宛城；今卞氏生四子：丕、彰、植、熊。孤平生所爱第三子植，为人虚华少诚实，嗜酒放纵，因此不立。次子曹彰，勇而无谋；四子曹熊，多病难保；惟长子曹丕，笃厚恭谨，可继我业，卿等宜辅佐之。”

曹洪等人含泪领命而出。曹操又命令近侍取出平日所藏名香，分赐给诸位侍妾，而且嘱咐说：“我死之后，你们要勤习女工，多造丝履，卖之可以得钱自给。”又命诸妾多居于铜雀台中，每日设祭，必令女伎奏乐上食。又遗命于彰德府讲武城外，设立疑冢七十二：“不要让后人知道我葬身之处，以免被人所发掘。”嘱咐完毕，长叹一声，泪如雨下。没一会儿，便气绝而亡。

一个生前叱咤风云的人物，为自己死后的声誉也做出了周详的安排。曹操生前使过阴谋无数，最后一个临死前的计谋是阴谋、阳谋兼而有之，既安天下又安后事，可谓心思缜密。

在这个政治遗嘱中，有三点值得讨论：一是曹操对于自己平生最爱的曹植没有以国事相托，尽管他声称自己“平生最爱第三子植”，但他还是对曹植的道德作风做了评价，以说明自己不立曹植的理由。二是对于选定的长子曹丕，曹操的评价是笃厚恭谨，这是对曹丕几十年跟随曹操征战治国成绩的肯定。因为在过去的日子里，无论是跟随曹操作战还是留守监国，曹丕都圆满地完成了任务。三是对于自己众多的妻妾，曹操劝她们多学做纺织造丝，让她们自食其力。

以上这三点有情有理，有国事有家事，无不反映了曹操对事物透彻的观察和总结。其实，无论是纵横一世的英雄，还是不名一文的百姓，在临死之际，除了对自己走过的道路发出几声感叹外，就是对后事的安排。谋略既是对他人的一种安排，也是对自己的一种安排。作为一个明智的领导者，曹操从来都不会让自己的躯体和遗物成为后人的负担。身处高位的人，能如此清醒地选择继承人是相当不易的。试看古代的皇门之争中，其祸首的起源常常是皇上对皇子的错误分析，再加上身边宠爱女人的鼓动，血溅宫门是为常事。抛开古人不说，就说平常百姓，发生家庭纠纷也是常有的。俗话说：清官难断家务事。一个家庭和谐与否，一家之主有直接的责任。这不仅表现在对待子女的感情平衡上，更表现在晚年对子女的责任权利的分配和安排上，这一切的基础都是家长对自己子女的了解和掌握。因此，曹操临死之际嘱咐自己的妻妾，不要寄希望于曹氏显赫的声名和富贵，而要培养独立的生存能力，在当时的历史条件下，曹操能如此看清问题的实质，真是难能可贵。

诸葛亮病危期间吩咐杨仪，死后不能发丧，做一个假诸葛亮木像放在车上，一切事务照常进行。

诸葛亮死后，遗体装在灵车上的一个龛里，由三百多名精心挑选的将士护送，要运回成都。

司马懿催动大军追赶蜀兵，以为诸葛亮已死，但走到半途，他犹豫了，想着会不会又中了诸葛亮的诡计。这时夏侯霸带着探子来报，五丈原蜀营已空无一人。司马懿听说后，半信半疑，率兵开向五丈原，果然蜀营空空。他唯恐蜀军撤走，赶紧带领人马向前追杀而去。忽然间，蜀军掉头杀了回来，只见中军“汉丞相武乡侯诸葛亮”大旗飘动，四轮车上坐着一位活生生的诸葛亮。这可吓坏了司马懿，以为又中了诸葛亮的计，于是勒马往回逃。魏军兵将丢盔弃甲，自相践踏，一直逃跑了五十多里地。两个魏将赶了来，叫司马懿不要惊慌。司马懿停下来急问：“我的脑袋还在吗？”知道蜀兵已远去，他才放心。司马懿到处探听蜀军的去向，而蜀军早已不见踪影。

后来司马懿得知诸葛亮确实死了，蜀军已全部退回汉中，自己遇见的诸葛亮仅是木像，他这才后悔不迭。由此，蜀地便开始流行一条谚语：“死诸葛吓走活仲达。”诸葛亮临死还想着怎样退敌，为了蜀国真可谓鞠躬尽瘁。

古人云：“天之将雨也，穴蚁知之；野之将霜也，草虫知之。知之于将萌，而避之于未至，故或徙焉，或蛰焉，不虚其知也。”“昔者孔子以天纵之圣而不得行其道，颠沛穷厄无所不至，然亦无往而不自得。

不为无益之忧以毁其性也。是故君子之生于世也，为其所可为，不为其所不可为而已。”意思是说，知天时是动物也通晓的事情，天将要下雨时，洞穴里的蚂蚁能预知它；田野里将要降霜时，草丛中的虫子能预知它……在事情将要萌发时就知道它，而在灾祸未到来时就躲避它，连动物尚知见微知著，早作打算，或迁徙或储粮，我们为人处世更应目光长远，对一切困难早作准备，以防患于未然。

第十章

笑对逆境，永不言败

人之成功，不唯有旷世之才，亦要有笑傲三国的勇气与毅力，穷且益坚，不坠青云之志。人生的成功就在战胜一个又一个困难中得到充分的体现。永不言败，是一种勇往直前的魄力，是一种百折不挠的韧性。海明威说，人可以被消灭，但是不可以被打败。历史也反复地证明，最终的胜利者总是笑到最后的人。强者面对挫折，永不言败。

1. 再苦再难都要笑一笑

生活的快乐与否，主要取决于个人对人、事、物的看法如何。你的态度决定了你一生的高度：你认为自己贫穷，并且无可救药，那么，你的一生将会在穷困潦倒中度过；你认为贫穷是可以改变的，那么，你就会积极地去改变现状，并获得成功。心态决定我们的生活，有什么样的心态，就有什么样的人生。面对人生的烦恼与挫折，最重要的是摆正自己的心态，积极面对一切。再苦再累，也要保持微笑，笑一笑，你的人生会更美好。

在漫长的人生旅途中，苦难并不可怕，受挫折也无须忧伤，只要心中不失信念，你的人生旅途就不会中断。艰难险恶是人生对你另一种形式的馈赠，坑坑洼洼也是对你意志的磨炼和考验。大海如果缺少了巨浪的汹涌，就会失去其雄浑；沙漠如果缺少了飞沙的狂舞，就会失去其壮观；如果维纳斯没有断臂，就不会因为残缺美而闻名天下……生活如果始终如两点一线般的顺利，就会如白开水一样平淡无味。只有酸甜苦辣咸五味俱全，才是真正的生活；只有悲喜哀痛七情六欲全部经历过，才算是完整的人生。

历史上，曹、孙、刘三家分别依靠天时、地利、人和鼎足而立。其中，刘备的“人和”之美从某种角度来说，是“哭”出来的。面对乱世时他哭，遭遇失败时他哭，求贤不得时他也哭，还总将汉高祖刘邦经常说的一句话挂在嘴边：“为之奈何?”他总是一脸无辜状，让所有人都同情这位飘零半生、居无定所的大汉皇叔的悲惨遭遇。刘备的“人和”之力，很大程度上就来源于博取同情的力量。

而曹操则不同。在打江山的时候，刘备有一张光辉的“政治名片”，孙权则有父亲兄长两代人留下的一方现成江山，而曹操是真真正正的白手起家，能依靠的只有自己。因此，他选择了与刘备“苦情路线”截然相反的“喜剧路线”，有朋自远方来他笑，战胜对手时他笑，面对失败时他也笑，“笑”成了曹操的名片。

我们不能否认刘备的哭确实有力量，但曹操不这样认为，他对哭和笑的辩证关系有着深刻的理解。董卓入京后，渐渐露出“西北狼”的本色，作恶多端。面对董贼的恶行，王允等朝廷大员无不哀哀戚戚，感叹上天不佑大汉。只有曹操哈哈大笑道：“你们就是哭到明年，董贼也不会被你们哭死。”

在曹操看来，哭仅是一种情感的宣泄，而笑则能体现出一种达观、稳定人心的精神力量。面对艰难困苦，只有笑出来，才能保持理智去寻求真正具有实效的解决办法。

只有对事业和前途怀有坚定信念的人，才能始终保持微笑，这就是乐观主义精神。笑来自于信心，信心越坚定，就越能在困难、绝望中保持微笑，从容面对。在信心上，曹操始终保持着“打鸡血”的状态，因此，即便是在九死一生的战场上，也总能听到他可能并不悦耳却非常爽朗的笑声。

建安十六年（公元211年），曹操西征马超、韩遂，与西北联军大战于潼关附近的渭南地区，战斗进行得极为惨烈。曹操先是“割须弃袍于潼关”，后是“避箭夺船于渭水”，若不是许褚的拼死护卫和丁斐的随机应变，曹操险些命丧于此。但即便如此，在战争间歇两方会谈之时，曹操仍旧保持着惯有的微笑。

当时，曹操要和敌军首领韩遂在两军对阵的战场上举行会谈，马韩联军的士兵听说曹操这个传奇人物要亲自出场，立刻前来围观，他们争先恐后，无不伸长脖子去“瞻仰”。看到这种局面，曹操手下众将提高了警惕，谈个话用得着出来这么多士兵吗？会不会有陷阱？可主角曹操却不以为然，作为万众瞩目的“大明星”，曹操显示出了最具亲和力的一面。曹操独自打马向前，冲着那些士兵大笑着说：“大家都是想看曹操吗？其实也没什么可看的，曹操和你们一样也都是人，不比你们多个鼻子多张嘴，如果一定要说多点什么，曹操就是比大家多了那么一点智慧吧。”

曹操的笑很实在，总能显出最可爱的一面，而把这种“可爱”写成书面语，就是传说中的人格魅力，这是每个政治家都必须具备的素质。

曹操爱笑，他惯有的微笑并不像有些政客那样，属于外热内冷的奸笑，他的笑大多发自内心，足够真诚。这一点从他生活中的另一种笑——开玩笑中能够得到充分的证明。曹操在祭奠对自己有知遇之恩的汉末名士，也是他青年时代的忘年交桥玄时，在一篇悼词里写道：“在早年间，我曹操和桥公曾经有过一个约定，说桥公百年之后，当我路过桥公墓时，如果不带着一壶酒和一只鸡来拜一拜，车不过三步，我的肚子就会疼起来。现在我来拜祭桥公了，用了太牢的标准（猪、牛、羊三牲），我的肚子能逃过一劫吧？”

20世纪最伟大的成功学大师拿破仑·希尔总结的十七条成功法则中，有一条就是“笑对失败”。拿破仑·希尔深信，“失败”是大自然对人类的严格考验，它借此烧掉人们心中的残渣，使人类这块“金属”因此变得更加纯净。他还忠告人们：“命运之轮在不断地旋转，如果它今天带给我们的是悲哀，明天它将为我们带来喜悦。”

通常，在挫败面前，人们会有三种态度：

其一，从此一蹶不振。

其二，不懂得反省自己、总结经验，但凭一腔热血，勇往直前。

其三，能够审时度势，及时调整自我，在时机与实力兼备的情况下再度出击，卷土重来。

曹操无疑就是第三种，他相信自己的失败只是一时的，绝不是永久的。只要自己信心犹在，适时调整策略，定能反败为胜，这就是强者在面对失败时的思考方式。

再苦再难，也要笑一笑，这就是曹操。曹操的笑体现了一种意志，一种败而不馁的顽强精神及向上的人生态度。

谁的力量强，谁的意志坚，谁就能胜利。所以，战争的胜负、人生的成败，其实就是力量较量和意志比赛的结果。身处关系网中，要具备这种“笑看天下”的精神，才能充满自信和斗志，妥善应对各种复杂的局面。

据统计，现在有许多企业开始供奉大肚弥勒佛，此佛的快速“崛起”甚至已经威胁到了武财神关二爷在商圈里的地位。这种改变的一个很大原因，就是弥勒佛的长相——他一直在笑，而且总是笑得那么灿烂。这代表了现代人的一种追求，也体现了一种担当——作为一种企业文化的重要意义。并不是不能哭，但时至今日，人人都知道哭的作用已经微乎其微。既然哭已无用，还是笑吧，把那个“V”字手势作为一种信仰。

所以，你要从现在开始，微笑着面对生活。不要抱怨生活给了你太多的磨难，不要抱怨生活中有太多的曲折，更不要抱怨生活中的不公。当你走过世间的繁华与喧嚣，阅尽世事，你会幡然明白，人生不会太圆满，再苦也要笑一笑。

2. 路还要靠自己去走

《论语·卫灵公》中有言：“君子求诸己，小人求诸人。”《文子·上德》也道：“怨人不如自怨，求诸人不如求诸己。”仰求别人，不如自己努力，自己的路终究还要靠自己去走。

讨伐董卓之时，曹操曾联合关东诸军一起出战。曹操当时豪情万丈，以为那是灭董卓的天赐良机，可一战而定天下。殊不知，“诸军不从，操败”。原来关东诸军名为讨伐董卓，实际各自心怀鬼胎，意在伺机发展自己的势力，没有几个人真心愿意协助曹操攻击董卓。

这一战的失利，对曹操来说不无益处，起码它给曹操敲了警钟，让他看清了关东诸军的真实面目，并得出结论：自己的路还要自己去走，依靠别人难成大事。

从此以后，曹操虽然也重视借助外力来达到自己的目的，但更注重招兵买马、抢占地盘，以扩充自己的实力，直至自己也成了雄霸一方的诸侯，而不用再仰人鼻息。

别人再可靠，也不如自己可靠，自己的路要自己去走，这样才不至于处处受制于人，曹操的经历很好地说明了这一点。而且，如果凡事都只想去依靠别人，不仅是一种没有主见的表现，也会永远活在别人的阴影下，难成大事。

春秋时期，鲁国宰相公仪休爱吃鱼，人们为了讨好地，争着买鱼送给他，但他却从不接受。他的学生问他原因，他说：正因为我爱吃鱼，所以我才不接受。如果我接受了别人的鱼，做起事来就不免要枉法，枉法就会罢官，罢了官，即使我爱吃鱼，也不会有人再送鱼了。那时，我又不能靠自己的薪俸来买鱼给自己吃。如果我不接受他们的鱼，我就不会被罢官，不罢官，即使没人送鱼，我也可以凭自己的薪俸买鱼吃。

韩非子听到公仪休的这番解释后，称颂道：“此明夫恃人不如自恃也，明于人之为己者不如己之自为也。”意思是说：依靠别人不如依靠自己，自己的路还要自己去走，这样才不用在做事时考虑一些无关的因素，才不会受制于人。

一天，小蜗牛问妈妈：“为什么我们从生下来，就要背负这个又硬又重的壳呢?”

蜗牛妈妈听到孩子提出这样的问题，感到很惊奇。它意识到自己的孩子已经长大了，开始思考问题了，觉得有必要让它懂得一些道理，便微笑着说：“孩子，因为我们的身体没有骨骼的支撑，只能爬，又爬不快，所以需要这个壳的保护。”

听了妈妈的解答，小蜗牛感到不太满意，又问道：“那毛毛虫姐姐也没有骨头，也爬不快，为什么它却不用背这个又硬又重的壳呢?”

妈妈觉得孩子开始观察周围的世界了，心里高兴，便循循善诱地说：“因为毛毛虫姐姐能变成蝴蝶，天空会保护它啊。”

小蜗牛还是不甘心，又问：“可是蚯蚓弟弟也没有骨头爬不快，也不会变成蝴蝶，它为什么不背这个又重又硬的壳呢?”

妈妈被孩子纯洁而敏感的心灵感动了，动情地说：“因为蚯蚓弟弟会钻土，大地会保护它啊。”

小蜗牛听了妈妈的话，伤心地哭了起来，说：“我们好可怜，天空不保护，大地也不保护。”

蜗牛妈妈一把将孩子搂在怀里，轻声细语地安慰他，说：“傻孩子，正因为这样，我们才有壳啊！我们不靠天，也不靠地，只靠自己。”

只有依靠自己，依靠自己的才能和智慧，才能让自己的双脚踩在坚实的土地上，从而体验生命的力量和成功的喜悦。曾国藩说：“君子欲有所树立，必自不妄求人知始。”如果一味依靠别人，就如同在风中四处飘荡的秋后落叶，只能任由别人摆布，在充满变数的时间里惶惶不可终日，这样的生命显然是没有意义的。

行走在社会中，我们时常会听到有人这样抱怨："不是我没有能力，只是我没有可以依靠的后台。"然而，这些借口并不足以成为我们止步不前的理由。因为，如果每个人都这样想，这个世界上也就不会有那些自力更生的英雄和白手起家的富豪了。所以，如果你也想成为他们中的一员，就要从现在起改变自己的做事方式。

一名员工开车送自己的老板回家。员工发动了车子，空中有些雾，路上的车子很多，走得有些慢。过了十几分钟，雾越来越大，路况都看不太清了。老板倒不着急，一边由着他慢慢蜗牛似的在车流中爬行，一边和他说着话。老板问员工："在这样的大雾天气开车，你怎么样才能走得更安全?"员工说，只要跟着前面车子的尾灯，就没什么事。老板沉默了一会儿，突然问："如果你是头车，你该跟着谁的尾灯呢?"

员工听了，心中一阵震动：是呀，如果自己是头车，又有谁会给自己指路呢？老板的言外之意他一下就领悟了：在一般情况下，你可以依靠上司，让上司替你拿主意，这样你就不用担负责任。可是在特殊情况下，你应该用自己的慧眼看清前面的路该怎么走，用自己的头脑来分析利弊，选择自己的方向。比尔·盖茨能跟谁？只会跟在别人的尾灯后面的人，永远不会成为领头者。

之后，这名员工工作越来越认真，没多久，他就发现了一个新的别人没有开拓的创业领域，通过自己的奋斗和敏锐的商业头脑，他获得了成功。他成功的秘诀就只有短短的一句话：做引导别人的尾灯。

不错，要想做别人的尾灯，就必须拥有自由的头脑，依靠自己的思考选择自己的方向；要想拥有自由的思想，就必须有期望做别人尾灯的意志，就是我们常说的“不想当元帅的士兵不是好士兵”。

当然，在实际生活中，如果遇到问题和困难，我们也可以适时地向他人请求援助，但这只是处理问题的一个辅助方式，而不是全部。最终能够帮助你的只有自己，能够拯救你的也只有自己，能够帮助你获得成功的还是自己。

《求人不如求己》一书写道：“求人之人缺乏自信，没有魄力，最多小发展；求己之人顶天立地，自强不息，必成大事业。求人，低声下气；求己，扬眉吐气。求人，是是非非；求己，简简单单。求人，躲躲藏藏；求己，坦坦荡荡。求人，得不偿失；求己，利大于弊。求人，受制于人；求己，自强自立。”

因此，我们要学会主宰自己的命运，认清自己，自己的路要依靠自己去走，然后再在此基础上巧妙借助别人的力量，最后终能取得大成功！

3. 与狼共舞，让自己变成一头狼

人们遇到困难和阻碍时，常常会埋怨世俗和命运的不公，害怕经历磨难，无法面对障碍，而忽略了磨难对于人生的意义。

海尔集团首席执行官张瑞敏说：“要与狼共舞，首先自己要成为狼。”面对像“狼”一样强大的敌人或对手，要想取得与其一战或竞争的资格，只有先增强自己的实力，让自己也成为“一头狼”。

曹操起家时，起点很低，手中的资本也极其有限。尽管如此，他在面对董卓抛出的橄榄枝时，依旧表现得十分冷静，“无动于衷”。因为，当时他已看出董卓不得人心，必然会失败。此外，曹操更想在那个群雄争霸的时代，凭借自己的力量分得一杯羹，而不是寄人篱下。

后来，由于合作不成，董卓就下通缉令追捕曹操。曹操一路奔逃，历经磨难方才回到陈留。在陈留，曹操变卖家产，招兵买马，凑成了一支数千人的队伍。凭借这些人马，曹操义无反顾地踏上了讨伐董卓的征程。但是由于关东诸郡的不配合，曹操不得不孤军奋战，屡遭败绩，而始终找不到自己的立身之地。

曹操奋力讨伐董卓之时，青州一带的黄巾军与河北的黑山军发展迅猛，原东郡太守王肱抵挡不住起义军，而王肱的不支却为曹操创造了机会。在袁绍的引荐之下，曹操接替了王肱的位置，这样就把握住了一个难得的在河南、山东一带发展势力的良机。说到这里，或许有人会有疑惑，袁绍为何会将这么一个“好差事”交给曹操呢？其实，东郡在袁绍眼里完全是一个“烫手山芋”，他打的小算盘是让曹操去对付起义军，这样就可以解除起义军对自己辖地冀州的直接威胁。

只是袁绍没有料到，曹操在镇压起义军的过程中搞出了一番名堂。原来，在曹操前往事发地点时，起义军已经连下数城，其周边的兖州等地顿时一片恐慌。看到曹操前来，兖州官员就像看到了救星，商议之后决定让曹操出任兖州牧。当时兖州位居东汉十三州之列，是一个地广人多、物产丰饶的大州，对于这样好的机遇，曹操自然不会放过，于是立即率军开赴昌邑。

在与黄巾军对垒之初，曹操出师不利，连吃败仗。但是凭借过人的胆识和谋略，曹操逐渐调整了破敌策略，大败黄巾军，而且颇具创意地对黄巾军“大开降路”，而投降的黄巾军又进一步壮大了曹操的势力。曹操让其中的大部分人解甲归田，发展农业生产，对剩下的近十万精干人马进行了改编，组成了“青州兵”，这就是曹操的嫡系部队。至此，曹操不仅拥有了自己的地盘，也有了自己的“枪杆子”，获得了和周边豪强势力“同台共舞”的资格。

要想与狼共舞，首先要让自己变得像狼一样强大，否则，就只会成为狼的猎物。曹操通过自己的积极活动、运作，迅速完成了由一只“羊”向一头“狼”的转变。当他拥有了与狼共舞的资格之后，便露出了自己的獠牙，四处出击，寻找猎物。

在我国加入世界贸易组织前夕，即将全面进入国内的外资企业纷纷摩拳擦掌，准备以合资、并购的方式，或以设立办事处、服务机构等形式进入中国市场。当时众人皆惊呼“狼来了”，很多国内企业更是惊恐不已，唯恐不是国外企业的对手。

然而，海尔人却不信这一套。“要与狼共舞，首先自己要成为狼。”这句话是海尔首席执行官张瑞敏在中国加入世界贸易组织前，面对改革开放、全球竞争时所喊出的口号。而海尔的总裁杨绵绵甚至认为：“海外跨国大公司的进军策略简单，赢家通吃，比较弱的就兼并，目标就是不留任何一点市场和地盘。既然要与狼共舞，企业就必须成为狼，如果认为自己是羊，把自己摆在弱者的位置上，就没有生存资格。”

在我国加入WTO之后，海尔的经营策略都是围绕着“让自己成为狼”这个思路来展开的。当国外品牌大张旗鼓地进入中国市场后，对海尔带来的冲击可以说无处不在。面对这些在技术水平上、内部管理上以及周转资金上都实力强大且占有优势的国际同行的竞争，海尔在经历了“先难后易”“出口创牌而不是出口创汇”“三分之一国外品牌纷纷败下阵来”等阶段之后，在张瑞敏的领导下，不仅没有溃退，反而以高质量、高服务、高科技的创新产品开始大步走向世界，昂首进入了西方七个发达国家，打出了响彻世界的“海尔中国造”口号，成为了中国家电行业出口产品种类最多、出口数量最大的企业。

最终，当许多著名的中国家电企业纷纷败阵，要么被灭掉，要么被吞并，不少国内品牌在市场上彻底销声匿迹、不见踪影之时，中国家电行业的龙头老大海尔集团依然稳如泰山，与外资著名品牌“同台共舞”。

海尔的成功源于企业的狼性精神。后来，张瑞敏说：“大草原上的生物百态在揭示着一个市场竞争的准则——竞争和变化是常态，谁也无法回避竞争，只能置身其中。其实狼和羊都在为生存拼搏，在拼搏中进化，强者恒强，适者生存，永远是‘有序的非平衡结构’。如果你在竞争中被淘汰掉，不是竞争残酷，而是你不适应竞争。”

所以，要让自己变得像狼一样强大，甚至更强大，才能取得与狼共舞的资格，进而在与狼共舞中立于不败之地。

在所有哺乳动物中，最具韧性者，莫过于狼；最有成就者，莫过于狼。狼群生存的最重要技巧，就是能够把所有的精力集中于捕猎的目标上，它们只瞄准目标，不达目的决不罢休。正是由于狼的这些特性，才使得人们愿意自喻为狼，并将强大的对手比喻成狼。

华为老板任正非在企业经营过程中，尤其崇尚“狼性”。华为认为狼是企业学习的榜样，要向狼学习“狼性”，而狼性永远不会过时。

华为的狼性，在竞争中表现为不择手段的扩张和咄咄逼人的进攻。

华为的这种“狼性”气势一直让业内同行难以忍受。其中一个著名的案例是，2002年，华为在美国的一些有影响力的媒体上刊登了极具攻击性的广告——“他们唯一的不同是价格。”图案背景是旧金山金门大桥，而华为的主要竞争对手思科公司的标志恰恰就是金门大桥。这种带有攻击性的广告和价格战激怒了思科，恼怒的思科制订了“打击华为”的计划。

在内部管理上，华为也同样采用“狼性竞争”——优胜劣汰，适者生存。公司高层管理团队夜以继日地工作，高级管理人员几乎没有什么节假日，而且24小时不能关手机，随时随地都在处理随时发生的问题。在华为，几乎每个研发人员都配有一张床垫。午休时，他们席地而卧；加班晚了不回家，也可以与垫相伴。累了睡，醒了爬起来再工作，一张床垫相当于半个家。一位华为员工说，从进入公司第一天起，每个人就必须努力把自己的智力和体力发挥到最大值。在不少部门，加班是个人绩效考核的一部分。在华为，不懂得“狼性竞争”，就永远也无法出人头地。

尽管外界有很多人都对华为的狼性管理提出了质疑，但正是依靠这种狼性管理，华为这家成立不过20余年的中国企业在“2010年度世界最具创新力公司排行榜”中超越了通信设备巨头阿尔卡特-朗讯和诺基亚-西门子，而一举成为全球第二大通信设备商，年销售收入达到了215亿美元，在赢得挪威4G移动网路的合约后，华为更是震惊了业界。

通过华为的案例，“要与狼共舞，就要自己先变成狼”对我们也有了新的启发——做事应该充满“狼性”，让自己更具有进取心，这样才能取得更卓著的成就。

“欺软怕硬是动物的天性，弱肉强食是自然的铁律。我懂得进攻，也懂得退却。我不怕赤裸，更善于伪装。既能孤身奋战，也善于群体进攻；我精通丛林与荒野的游戏规则，所以我将立于不败之地。”精通如此“狼道”，才能像狼一样去做事。

4. 九十九次的失败换来一次成功

成功是每个人终其一生所追求的，而失败则是许多人所恐惧的。所谓“失败是成功之母”告诉我们：在每个人的生活中，成功往往要在一次或几次失败后才能获得。

每个人都希望自己能够成功，而不愿遭受失败。殊不知，真正的成功是建立在失败基础上的。我们需要在失败中，甚至是无数次的失败中总结经验教训，这样才能逐步走向成功。

一代枭雄曹操一生中曾经历过六次重大失败：濮阳攻吕布，宛城战张绣，赤壁遇周郎，华容逢关羽，割须弃袍于潼关，夺船避箭于渭水。尽管如此，但他依旧秉持着“周公吐哺，天下归心”的雄心壮志，从不曾动摇。也正是这些失败，奠定了他后来的成功。

英国文学家萧伯纳说：“一个尝试错误的人生，不但比无所事事的人生更荣耀，并且更有意义。”一个人的成长过程本身就是一个不断在失败中寻找与把握机会的过程，没有失败就无所谓成功，就像腐朽的土壤中可以生长鲜活的植物那样。只有当我们能够以平和的心态面对失败，我们才能够成熟，才能有所收获。而那些失败的经历也将成为我们生命中的一笔财富。

美国有一个名为道密尔的企业家，他专门收购一些濒临破产的企业，而这些企业到了他的手中，无一例外都“起死回生”了。曾经有人问他，为什么对这些失败过的企业“情有独钟”。道密尔说：“正是因为失败过，我才知道了它失败的地方，那样我就不会犯同样的错误了，这不是要比自己一切从头开始容易得多吗？”将别人失败的经历变成自己的财富，这大概就是道密尔成功的秘诀。

1832年，林肯失业了，这显然使他很伤心，但他下决心要当政治家，当州议员。糟糕的是，他竞选失败了。在一年里遭受两次打击，这对他来说无疑是痛苦的。接着，林肯着手开办企业，可一年不到，这家企业就倒闭了。在以后的17年间，他不得不为偿还企业倒闭时所欠的债务而到处奔波，历尽磨难。随后，林肯再一次参加竞选州议员，这次，他成功了。这次成功让他内心萌发出了一丝希望，认为自己的生活有了转机：“可能我可以成功了！”

1835年，他与女友订婚，但离结婚还差几个月的时候，未婚妻不幸去世，这对他精神上的打击实在太大了，他心力交瘁，数月卧床不起。1836年，他得了神经衰弱症。1838年，他觉得身体状况良好，于是决定竞选州议会议长，可他失败了。1843年，他又参加竞选美国国会议员，这次仍然没有成功。

林肯的诸多尝试都遭到了失败：企业倒闭、情人去世、竞选败北。要是你碰到这一切，你会不会放弃——放弃这些对你来说很重要的事情？

林肯很执着，他没有放弃，他也没有害怕要是失败会怎样。1846年，他又一次参加竞选国会议员，最后终于当选了。

两年任期很快就过去了，他决定争取连任。他认为自己作为国会议员的表现足够出色，相信选民会继续选举他。但结果很遗憾，他落选了。因为这次竞选，他赔了一大笔钱。之后，林肯申请当本州的土地官员，但州政府把他的申请退了回来，上面指出：“做本州的土地官员要求有卓越的才能和超常的智力，你的申请未能满足这些要求。”

接连又是两次失败。在这种情况下，你会坚持继续努力吗？

林肯没有服输，1854年，他竞选参议员，但失败了；两年后，他竞选美国副总统提名，结果被对手击败；又过了两年，他再一次竞选参议员，还是失败了。林肯尝试了11次，只成功了2次，但他一直没有放弃自己的追求，一直在做自己生活的主宰。1860年，他当选为美国总统。

林肯和曹操一样，历经各种挫折，最后走向了成功。看来，没有失败，遑论成功。一个事事都成功的人，总会有失败的一天，而且他可能由于经不起失败的打击，很容易走向彻底的失败，一败涂地，一蹶不振。没有失败的人生，就不是一个完整的人生，也是注定不可能成功的人生。

很多人在面对挫败时，总是“一次性”就被轻易打垮，而不肯再去尝试一次，因此难以体会到成功的美好。而林肯等人则有着“屡败屡战”的信心与勇气，所以他们笑到了最后。

爱迪生在经过14000多次实验后发明了电灯。当记者问爱迪生对这么多次失败有何感想时，爱迪生这样回答：“我不是失败了14000多次，而是发现了14000多种行不通的方法。”在爱迪生的字典里，根本没有“失败”这两个字的存在。在他的眼里，曾经的失败只是证明了一种道路不可行，仅此而已，它完全不足以成为阻挡他继续前进的障碍。

有个成语叫“老马识途”，正因为老马曾经走过无数的道路，经历过无数坎坷，才能在每个坎坷之上留下心底的记号，下一次从此经过时，便可以一跃而过，做到识途！而失败不正是小马驹们走上成长道路的小坎坷吗？抓住那些可遇而不可求的失败机会，认识失败，承认失败，利用失败，从中总结出经验教训，从而走向更广阔的天地，这又何尝不是一种成功呢？

诺贝尔获得的成功是巨大的，但他的成功也是来之不易的。他的一生都在失败—总结教训—改进—再失败—再反省—再改进的循环中度过，但他从没有放弃，而是不断努力，寻找失败的原因，让失败成为通向成功的“垫脚石”，所以他最终能取得一般人难以企及的成就。

马云在中国是一个响当当的人物，作为阿里巴巴集团的主要创办人之一，他在刚开始创业的时候并非一帆风顺，他的成功来自于一次又一次的失败，是从充满曲折和艰辛的道路中走过来的。

马云大学毕业后，在杭州电子工业学院教英语，期间，和朋友成立了杭州首家外文翻译社。因为精通英语，马云被邀请赴美做商业谈判的翻译，在西雅图，马云第一次接触到互联网。1995年回国后，对计算机一窍不通的马云决定辞职创办中国第一家互联网商业网站——中国黄页。在他的24位朋友中，23个人都说这行不通，但马云抱着就算是失败也要试一试、闯一闯的态度，坚持自己的想法。马云利用2万元启动资金，用租来的一间房作为办公室，一家电脑公司就这样成立了。在当时的中国，懂互联网的人少之又少，几乎没有人相信他。但马云仍然像疯子一样不屈不挠，逐个上门向企业们推销自己的业务。后来，随着互联网的正式开通，马云公司的业务量有所增加。

1997年年底，马云带着自己的团队上北京，创办了一系列贸易网站。但由于互联网的飞速发展，创业之路并不顺畅。1999年，马云决定离开“中国黄页”南归杭州，以50万元人民币开始第二次创业，建立阿里巴巴网站。当时正值中国互联网最兴旺的时期，新浪、搜狐应运而生，许多网站纷纷易帜或转向短信、网络游戏业务，马云却仍然坚守在电子商务领域。由于阿里巴巴困难依旧，为了节约费用，公司就安在他的家里，员工每月只能拿500元工资，累了就在地上的睡袋里睡一会儿。可由于没有找到合适的道路，几年来公司不仅没有收入，还背负着庞大的运营费用。2001年，互联网行业跌入低谷，不少公司因此倒闭，但马云依然坚持着。到了年底，阿里巴巴不仅奇迹般地活了下来，还实现了赢利。

创业的失败曾使马云几度苦恼。当时，他甚至怀疑自己是不是选错了路，但最终他还是坚持了下来。就如他所说：“从创业的第一天起，你每天要面对的就是困难和失败，而不是成功。”他的经历让我们认识到，遭受失败并不可怕，可怕的是没有战胜失败的勇气。失败后自暴自弃的人，注定不会有所成就。纵观古今中外的成功人士，他们无不在失败数次之后重新站了起来，所以，他们最终获得了成功。

英国小说家、剧作家柯鲁德·史密斯曾说：“对于我们来说，最大的荣幸就是每个人都失败过，而且每当我们跌倒时都能爬起来。”

所谓的失败，就是暂时的耽误、暂时的挫折，或者说是暂时走了弯路。如果我们能从失败中吸取教训，那么这失败就是有价值的，因为几乎所有的成功者都经历过失败。失败对于我们来说，是一种更明智的开始，它会为我们下一步的行动指明方向。

5. 敢于拒绝，勇于说“不”

20世纪90年代，《中国可以说不》这本书在国内外风靡一时，它的广受关注与中国在综合国力及国际地位不断提升的情况下对国际影响力的新诉求有关。同时，它也创造了一个流行词——说不。对于个人来说，在处事时，同样需要掌握“说不”的艺术。

兴平元年，曹操在讨伐吕布的军事行动中，出师一直不利，多次无功而返，没有给吕布造成足够的打击。雪上加霜的是，这一年，曹操的根据地兖州一带发生了大规模的旱灾、蝗灾，真可谓祸不单行。由于短期内无法再组织起力量对吕布发起攻击，再加上面临缺粮的危险，曹操于当年九月率军撤到了鄄城。

到了鄄城，曹操立足未稳，袁绍派来的说客就来求见。原来，袁绍看到曹操出师不利，面临诸多困境，产生了收服他的念头，并让人以结盟的名义来劝说曹操。实际上是想乘其之危，吞并曹操的势力。而且，袁绍提出了结盟条件：让曹操的家眷作为人质，以对曹操进行掣肘。

当时曹操面临的局势很严峻，部队士气低落，粮食补给也频频告急，有不少士兵甚至逃离了部队。此时若同袁绍联盟，便可以使自己渡过难关，只不过要受制于人。曹操一度为此事犹豫不决，后来在程昱的劝阻下，才展现出了枭雄本性，断然拒绝了袁绍抛出的“绣球”。

强者对弱者的拒绝并不奇怪，也合情合理；但弱者对强者的拒绝，就需要一定的魄力和勇气了，特别是在面临危难局面时拒绝强者，更显难能可贵。撤到鄄城后的曹操所处的就是这样一种境地，尽管如此，他还是断然拒绝了对方的结盟要求。

敢于拒绝、勇于说不的人通常都比较自信，思想独立，不易受别人的影响。他们之所以拒绝，是因为对方开出的条件没有达到自己的要求，这是一种高姿态，也是一种气度，只有具备相当实力与良好自我感觉的强人才会这样做。

有一次，叶茂中前往北京一所高校演讲。有学生向他提问："策划人与企业客户是什么关系?"叶茂中幽默地回答说："策划人就像妓女，给钱就脱裤子，给得越多脱得越快。"

叶茂中的话表达了策划人在现实中的无奈，这也是大多数处于下位者（贫困者、乙方、下级等）面临的真实处境。面对强势的"老板""甲方""领导"，他们只有唯命是从，被对方呼来喝去，而不敢有任何不满的情绪，更不敢向对方说不，拒绝对方的无理请求。

但是，这种状况在有些强势的"下位者"那里，却完全被颠倒过来了。著名策划人王志纲在其《我们是丙方》中谈道："经常与我们一道为老板提供服务的业界同人，常常愤愤不平地问我们，'我们同样是乙方，为什么你们在老板那里那么牛？不要说老板，连他手下的职业经理人都经常把我们骂得狗血淋头，却从来没有人敢对你们指手画脚，倒看见你们的总监常常牛气冲天地教训对方，这是为什么?'我开玩笑说，'我们不是乙方，而是丙方。'"

对于丙方，王志纲是这样定义的："所谓丙方，其实就是一个特殊的乙方，它既不用看甲方脸色行事，也不用像别的乙方那样当孙子，而是具有超然而独立的地位，具备受客户尊重和信赖的条件。"

事实上，王志纲的策划机构应当是乙方，企业客户可以说是他的“衣食父母”，但他却出人意料地认为自己是丙方，并给自己定下了四条规矩：第一，吃饭甲方掏钱，自己从不请客；第二，只有别人请自己，没有自己请别人，“老板们都知道我的习惯——从不敬酒”；第三，从不给对方回扣，也从不要别人回扣；第四，与对方平起平坐，不是大爷，但也绝不是孙子。

王志纲说：“丙方的地位和说法传递了三种层面的观念。其一是一种生活态度。独立的人格、尊严及地位，同流而不合污，和光而不同尘。其二是一种另类的生存方式。本来是乙方，却获得了甲方前所未有的礼遇和尊重。其三是内心的一种精神自豪感。这种‘第三种生存’对他人来讲怎样我不知道，但于我来说却是当老板做生意办公司的底线。如果让我被老板呼来唤去，骂得像孙子，我宁可不做！”

王志纲为什么敢于在甲方客户面前说不呢？他的资历、能力当然是一方面原因，但还有一个更重要的原因，那就是像他所说的“独立的人格、尊严及地位”，是他的一种气度、一种自信。

北京有个房地产公司的老板曾说，国内的建筑师很容易改变立场。一个方案，开发商让他怎么改他就怎么改，不敢拒绝对方的任何要求，生怕开发商不满意，让这单生意黄了。而外国的建筑师，特别是著名的大建筑师却很固执，他宁肯不做这单生意，也绝不轻易改变自己的设计，哪怕只是一个很小的细节，也不会向开发商让步，他们会大胆地说不。

这样一来，其结果就是外国大建筑师留下的是更加完美、更加个性化的作品，名气会越来越大，要价也会越来越高；中国建筑师却把自己降到了开发商的水平，生产出一些平庸粗俗的城市垃圾，作品的层次低了，人的档次也就低了，想要高价就更不可能了。发展到最后，凡是大的项目，都会让外国建筑师抢去，我们只能眼睁睁看着别人挣大钱，自己干瞪眼。

这种巨大反差，当然也是专业精神及个人做事方式上的差别使然。国外建筑师认为自己更专业，为了坚持这一点，他们宁肯放弃生意；而国内建筑师为了得到开发商的认可，不惜对自己的创意一改再改，这是一种缺乏专业精神的表现，而且极有可能，他们本身的水平也不怎么样，或者是对自己的作品不够自信，这也是一种水平不高的表现。

所以说，生活工作中懂得说不、拒绝很有必要，但也要首先弄明白自己是否有拒绝的资格、是否有说不的实力。否则，如果只是意气用事，只是为了盲目地逞一时之快，只会弄巧成拙，甚至让局面更加难以收拾。

正如《摆谱》一书中说的："要想安全有效地行使'拒绝'这项超级武器，行为人需要具备以下两个条件之一。一是拥有足够强势的、对对方来说关系重大的稀缺资源，对方不可能轻易放弃；二是眼前的机会对自己无关紧要，或是对达不成合作的后果有很强的承受力。"